# 世界一おいしい せん切りキャベツの作り方

## 料理は切り方が9割

川上 文代
Fumiyo Kawakami

講談社

# はじめに

「そんなにたくさんのレシピを、どうやって思いつくのですか？」

と、よく聞かれます。

ありがたいことに、私の本は現在120冊以上あり、料理研究家の中でも特に多いほうかもしれません。また、1冊の中に掲載しているレシピ数も、300以上のものもあり、実際には、料理教室でみなさんにお教えするレシピ、イベントでご披露するレシピなど、すべてのレシピを合わせると、今までに一体いくつのレシピを考案してきたのか、私自身もわからないくらいです。

どうやってレシピを思いつくのか……。その答えは、実は、「降ってくる」んです。そう、空からレシピが降ってくるんです。そんなことを言ったら、不思議でしょうか。

なぜレシピが降ってくるようになったのか。それは、頭の中の引き出しに入っているこれまでの経験値のおかげです。

素材を目からインプットすると、頭の中で、高速コンピューターが一瞬のうちに回転して、引き出しの中の調理の知識が的確に組み合わされて出てくる、ということなのかもしれません。

その組み合わせとは、どんなふうに切って、どう火を入れて、どう調味するか。

料理の味を決めるのは、切り方、火の入れ方、味付けの仕方、この三つです。

中でも大事なのは、「切り方」だと私は思っています。

なぜなら、料理の一番始めの段階であり、その後の、火の入れ方や味付けの仕方は、どちらも、切り方が適切でなければうまくいかないからです。切った時点で、今作ろうとしているお料理が、おいしくできるのかできないのか、ある程度は決まってしまうのです。

ですから、切り方を知るということは、料理のコツを知ることであり、切り方を知れば、料理の「定理」のようなものがつかめるようになります。

しかも、どう切ったかは、お皿が食卓に乗ったあとまで見えますから、見た目のおいしさにも直結します。

長年調理師の専門学校で料理指導をしてきましたが、学生が入学してまず教えるのは、包丁研ぎと、切り方です。包丁の持ち方、動かし方、材料に当てる角度、切り方を徹底的に学ぶことが料理人の第一歩です。

読者のみなさんは料理人をめざしているわけではないと思いますが、料理上手になれたら、毎日キッチンに立つことがもっと楽しくなるでしょう。

「料理上手」とは味をコントロールできる人のことです。味のコントロールとは、いま、食べたい味にできるかどうか、ということです。

「味」には、「食感」も含まれます。例えばキャベツ。洗うだけで生でも食べられる便利な食材として、家庭でも親しまれている野菜ですが、キャベツには繊維というものがあり、繊維に対してどう切るかによって、キャベツの食感はまったく変わります。

サラダにする場合、繊維に対して直角に切れば、水分が出てしまってドレッシングとあえると水っぽくなります。かといって、繊維に対して平行に切ると、繊維が残って口に刺さります。

では、どちらをとるのが正解なのか。

それは、どんな食感の、どんな味わいの料理を作りたいか次第です。

サラダひとつにしても、せん切りのようにシャキッとさせて食べたいのか、それとも、コールスローのようにしんなりとさせて食べたいのか、それによって正しい答えは変わります。特にキャベツのように、調理法がたくさんある野菜の場合、ひとつひとつレシピを覚えようとすると大変な苦労がいります。でも、切り方のコツと素材の原理を覚えてしまえば、あとは応用できるのです。

プロとアマの違いが一番出るのは切り方です。にんじんのせん切りをする場合、最初に薄く切らなければあとから細いせん切りにはなりません。せん切りキャベツも最初に厚い部分があると、線のように細いせん切りキャベツは作れません。ただ切るだけでの料理こそ、上手い、下手がはっきりと出ます。

せん切りキャベツの理想の太さは、ボールペンで書いた線（あくまで理想ですが）。あつあつのしょうが焼きに添えるなら、少し太めでも、熱でしんなりするので大丈夫。でも、とんかつに添えるキャベツは、やっぱりボールペンで書いた線ぐらい細くて、見た目もふんわりとしていてほしいもの。サクッとしたとんかつに、ふわっとしたキャベツ。最高の組み合わせです。

新しい道具を買う必要はありません。ご自宅のキッチンにある包丁とまな板で、「世界一おいしいせん切りキャベツ」を作ってみましょう。

# 目次

## 第四章　複数の素材で作る料理

# 「切る」ための道具

包丁にはさまざまな種類があります。和包丁と洋包丁では刃の構造が違います。和包丁は片刃。洋包丁は両刃。それは、和食と洋食の切り方がそもそも違うからです。

　包丁は専用のものを各種持っているに越したことはありませんが、ここでは家庭料理を作るうえで最低限あると良い道具をご紹介します。

（写真右から）

**①ピーラー**　皮むき器。皮をむく以外にも薄くスライスしたいときにも使える。

**②牛刀《ぎゅうとう》**　刃渡りが長く、刃がカーブした先のとがった包丁。万能包丁とも呼ばれ、さまざまな素材のカットに適しており、世界中で使われている。

**③ペティナイフ**　牛刀を小さくしたもの。小さくて小回りが利くので、細かい作業をするときに便利。果物ナイフとも呼ばれる。

**④スナックナイフ**　刃がギザギザしているので、やわらかい食材や硬い食材、くずれやすい食材を切るときに活躍するナイフ。

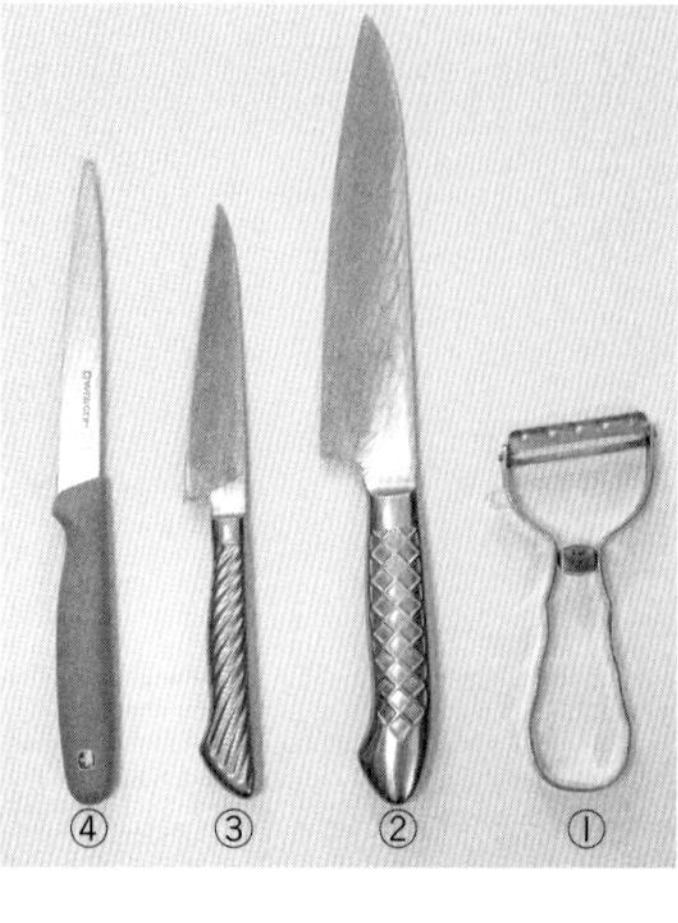

# 第一章

# 「切る」前に

どう切るかを決めるためには、まず素材の組成を知っていなければなりません。そのためには、素材をよく見て、作りたい料理の食感をイメージすることが大切です。

「切る」前に知っておくべきことをご紹介します。

# 素材を見ればわかること

料理を教える立場になって、三十年以上経ちました。下は小学生から、上はシニア世代まで一緒に料理を作って食べて、さまざまな思考を持つ方と接することは、私自身学ぶことが多く、こんなに幸せなことはないといつも思っています。

料理教室で私がみなさんに必ず言っていることは、

「まず、よく見て」

ということです。料理を習いにきてくださる方は、調理法や手順に熱心で、素材をよく見ない方が実は多いのです。でも、素材を見るだけで、わかることはたくさんあります。

中でも大事なのは「鮮度」の見極めです。「鮮度」を的確にとらえられるかどうかは、料理のできばえを確実に左右します。

例えば、八百屋さんで今日買ってきたばかりの朝採りキャベツと、週末に買ってきて家の冷蔵庫で一週間過ごしたキャベツでは、当然ながら鮮度が違います。先週買ったキャベツでせん切りキャベツを作ったら、切り方が上手でも、「みずみずしい」「シャキッとした」せん切りキャベツにはならないでしょう。

決して一週間前のキャベツが悪いというわけではないのです。まずは見ること。一週間前のキャベツを冷蔵庫からとり出して、見てみたら、たぶん「しなっとしている」「元気がない」という印象を受けるでしょう。

見たら､想像することも大切です。元気のないキャベツをそのまま切ったらどうなるか､切ったときのことを想像してみてください。2〜3枚の葉を重ねて、ロール状に巻いて手で押さえ、包丁で端から細く切っていく……。

おいしいせん切りキャベツとは程遠い、しなっとした切れ味が頭に浮かびませんか。切るときの音も、なんだかシャキッとしないかもしれません。

元気のないキャベツは、まず元気にしてあげることです。

葉物野菜は90％以上が水分からできています。レシピを見ると「キャベツ…20ｇ」というように、野菜が重さで書いてあることがよくあります。でも、これが面白いことに、今日買ってきたばかりの朝採りキャベツと、先週買った冷蔵庫のキャベツでは、同じ目分量でも、測ってみると重さが違うのです。それは野菜がふくんでいる水分の違いです。

ですから、まずはキャベツに水を吸わせて、みずみずしくしてあげることです。

華道やフラワーアレンジメントなどの経験のある方ならすぐにわかると思いますが、植物は水切りしてあげると、水を吸って元気になります。キャベツなどの葉物野菜は、水に浸けてあげると、シュルシュルと水を吸って、すぐに元気になります。ほんの10分程度でも水に浸けておくと驚くほど変わります。

見ることと同じくらい大事なのが、触ること、香りをかぐこと、味見をすることです。特に、ふだん味付けに使っている、砂糖、塩、酢、しょうゆなどの調味料を、もしそのまま味わったことがない、という方がいらっしゃれば、キッチンに行ってちょっとなめてみてください。同じ塩でも、塩みの強い塩、穏やかな塩、ミネラル分の強い塩などさまざまです。オリーブオイルや酒、みりんは、香りをかいでください。油は酸化すると香りが変わって粘度があがります。酸化した油を使うと、料理の味が落ちて体にも良くありません。まずは五感で確認して、特徴を頭にインプットすることです。

いまは、男女問わずキッチンに立つ時代となりましたが、主婦の方にとっても、仕事をしている方にとっても、食事は毎日のこと。あわただしい毎日の中で、時間に追われて料理をしている方も多いことでしょう。でも、ほんの5秒でも充分。まずは、素材を見てください。

料理で大事なことは、
まず、素材をよく見ること。
見て素材の状態を確認する、
その癖をつけることが
料理の腕をあげる第一歩です。

# すべては繊維から

なぜ「切る」ことが大事なのか、理由は大きく二つあります。

一つめは、「切る」ことはそのまま素材を「知る」ことにつながるからです。

みなさんは、料理に使う素材を見たときに、それが自然界でどういう状態だったか、すぐに想像できるでしょうか？　にんにくは？　しょうがは？　セロリは？

料理に慣れた方でも、少し答えに迷う方もいらっしゃるのではないでしょうか。鮭は切り身のまま泳いでいるわけではありませんし、にんにくは木に成《な》るわけではありません。

私が主宰するデリス・ド・キュイエールのフランス料理コースでは鶏をまるごと調理しますが、私はいつも、その鶏を生きているときのような状態に立たせて、歩かせて、受講生のみなさんに、その鶏が自然界でどう生きていたかをお見せしています。

豆腐など加工された食材は別として、野菜や肉、魚など成長するほとんどの食材には繊維というものがあります。

野菜の場合、成長するうえで必要な水や養分をめぐらせる通り道となる維管束などが繊維に当たり、大体は下から上に向かって伸びています。肉や魚の場合、筋肉を構成する筋繊維などで、頭から尾に向かって走っています。

切り方のコツは、ひと言で言ってしまえば、この繊維をどう切るか、につきます。野菜の場合、繊維に対して直角に切れば、水分が出てしんなりとして、火を入れればやわらかくなりやすい一方でくずれやすくなります。また、繊維に対して平行に切れば、素材はシャキッとして、ある程度くずれにくくなります。肉の場合も、繊維に対して直角に切るか平行に切るかで歯ごたえはもちろん、味まで変わります。

つまり、切り方をきちんと考えることは、その素材についてより深く知ることにつながります。

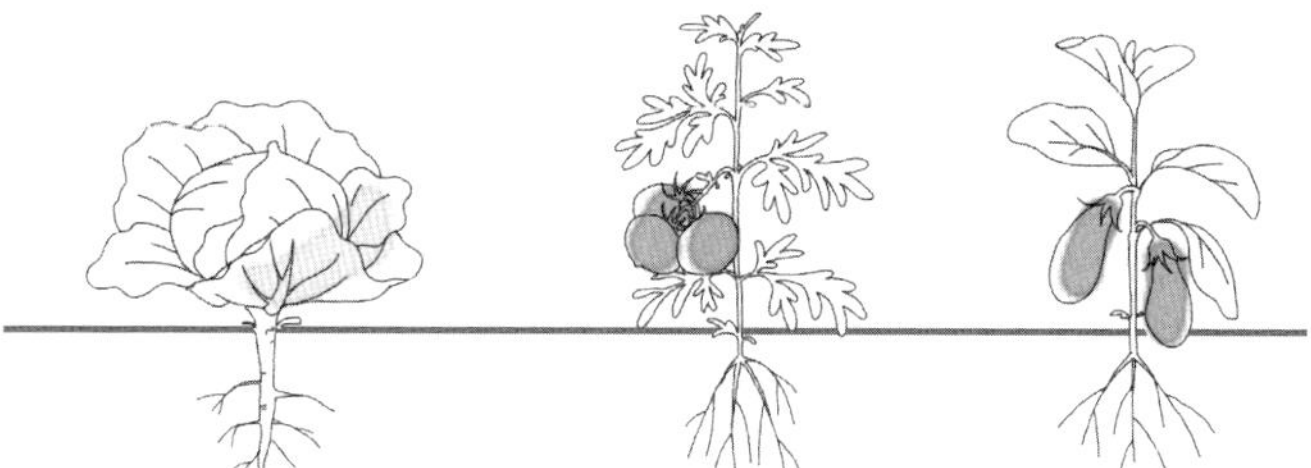

二つめは、料理の仕組みがわかることです。

「料理」ということを考えたときに、大事なことを三つ挙げるとしたら、切る、火入れ、味付けです。そして、さきほどの「繊維」は、この三つすべてにかかわることです。

「切る」については、すでに説明したとおりですが、火入れに関しても、同じです。同じ肉でも牛肉をおいしく食べるための加熱時間と、豚肉をおいしく食べるための加熱時間が異なるのは、牛と豚では繊維の質が異なるからです。また、味付け、という意味でも、繊維にどう味をしみ込ませるか、ということがとても大事です。

ただ、火入れについても、味付けについても、技術がどんどん進化していて、今の時代

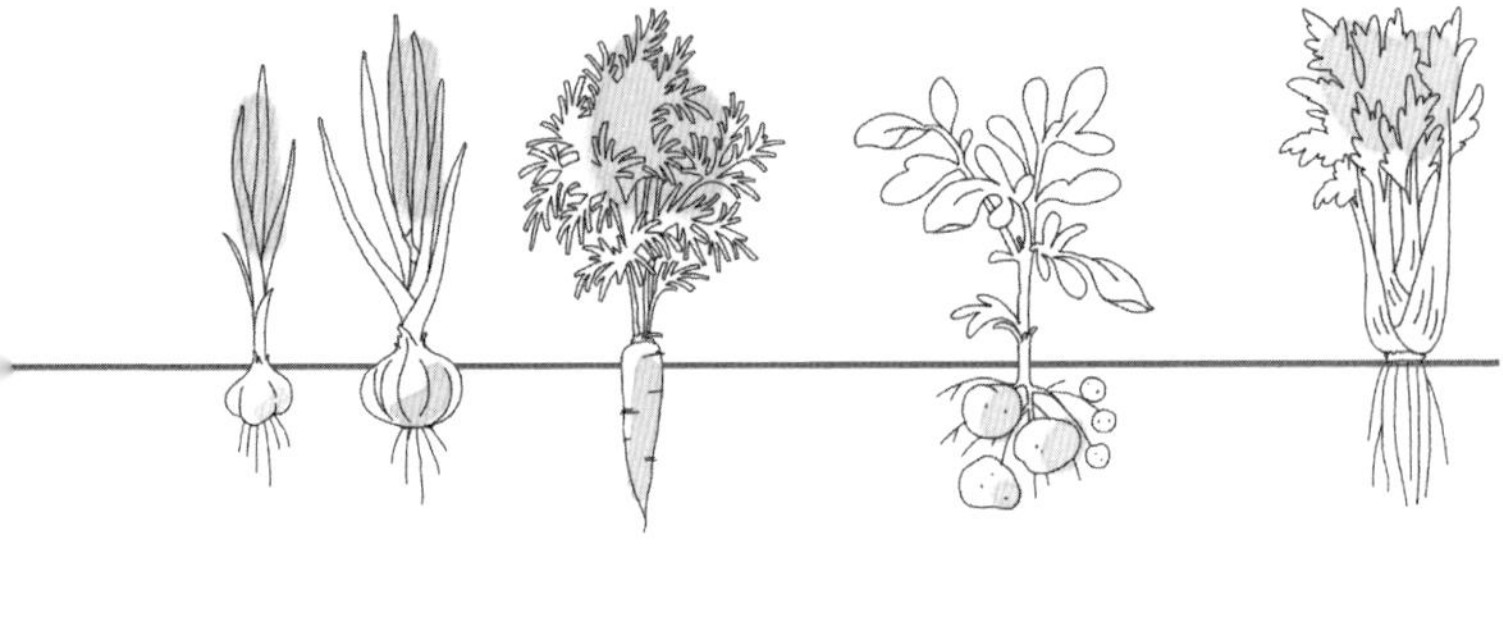

は、知識や技術はなくても、失敗なく驚くほどおいしく仕あげられる調理器具が、お金さえ払えば買えます。また、調味料に関しても、世界中の珍しい調味料や、ひとふりするだけで画期的に味がおいしくなる調味料が、簡単に手に入ります。

でも、切り方だけは別で、どんなに高い包丁を買ったところで、知識や技術がなければ、上手に切ることはできません。スーパーやコンビニでは、カット野菜もたくさん売られており、一から素材を切る機会も減っています。

ですから、切り方を学ぶことは、特に今の時代、とても大事なことだと私は思うのです。

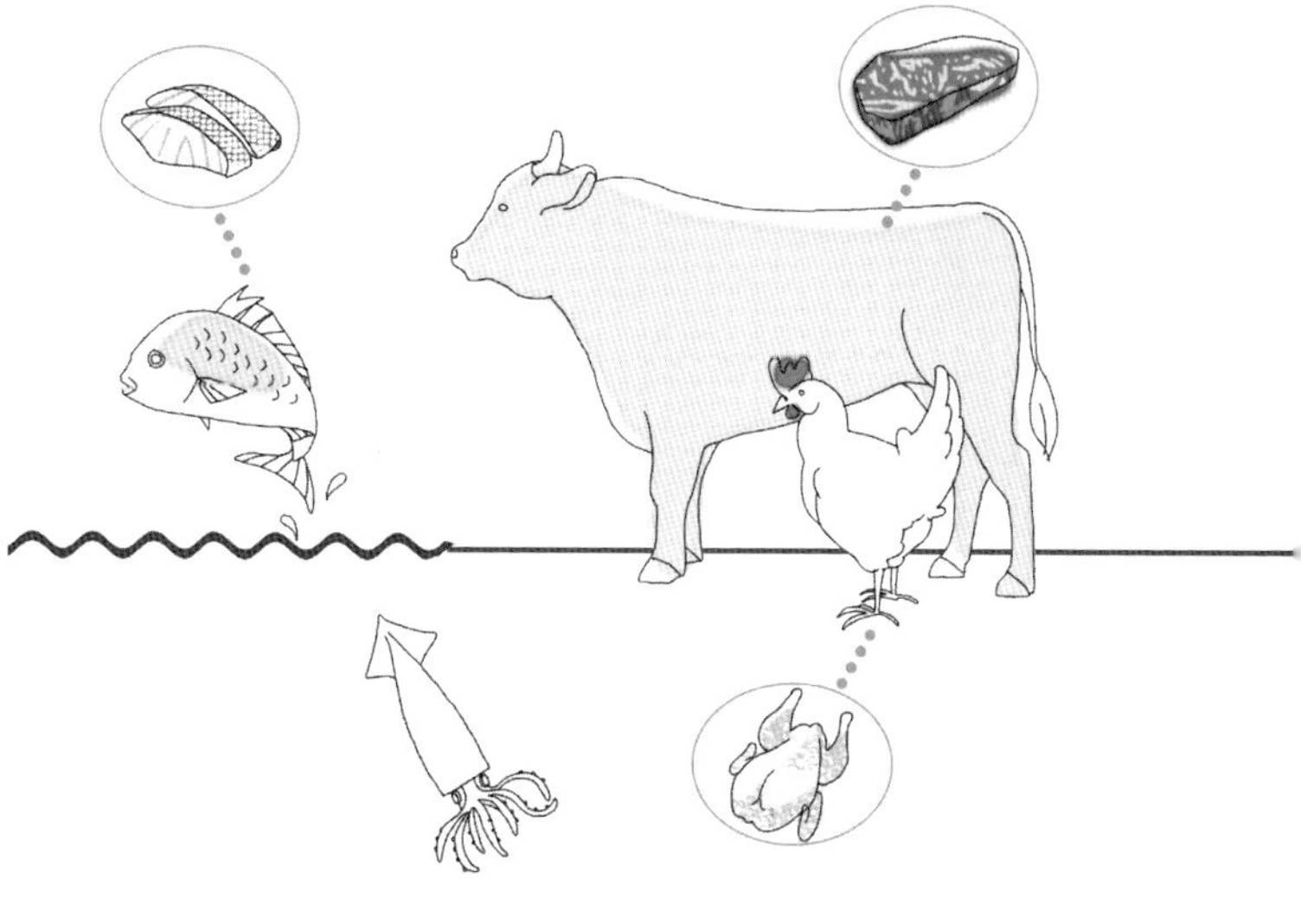

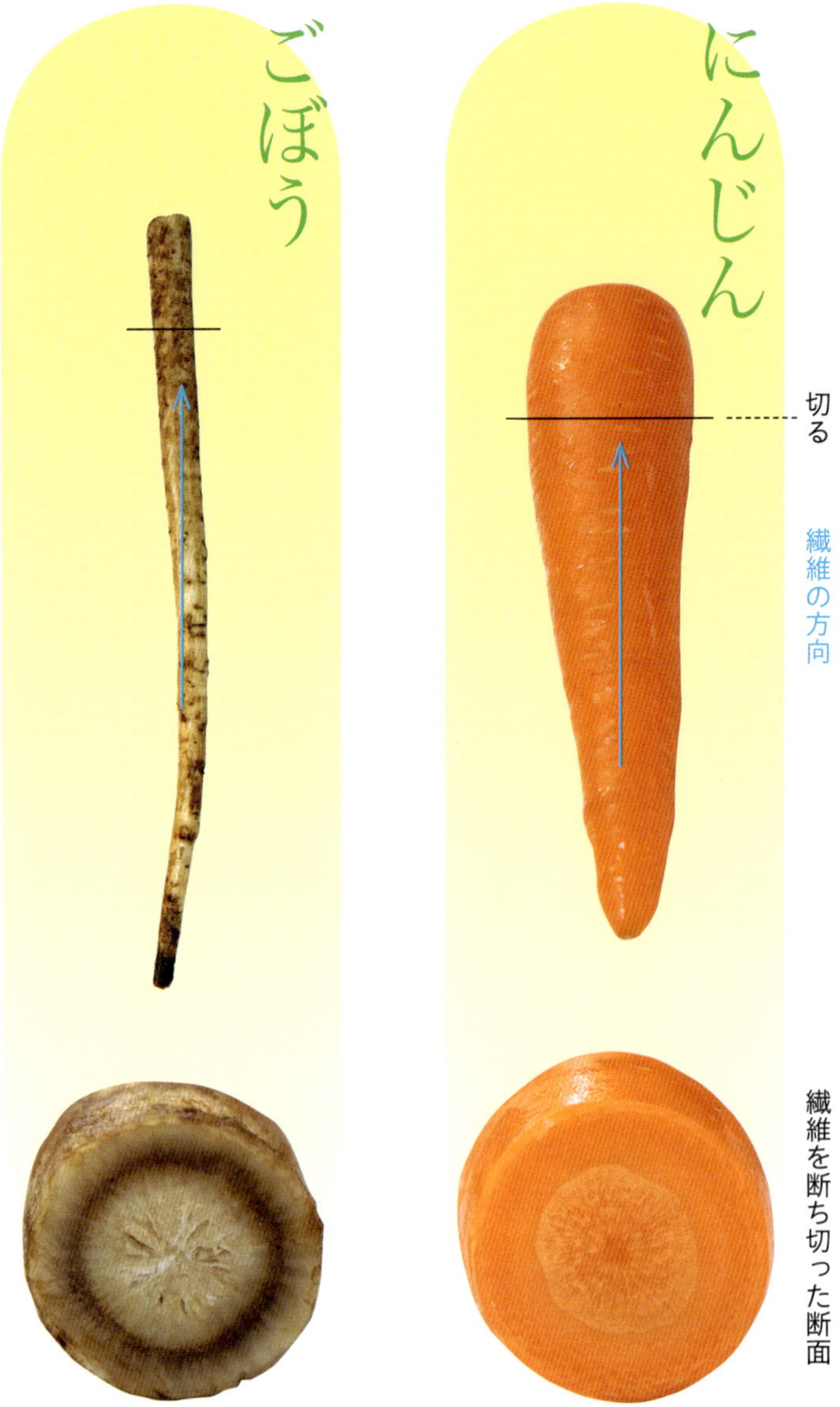
ごぼう
にんじん
切る
繊維の方向
繊維を断ち切った断面

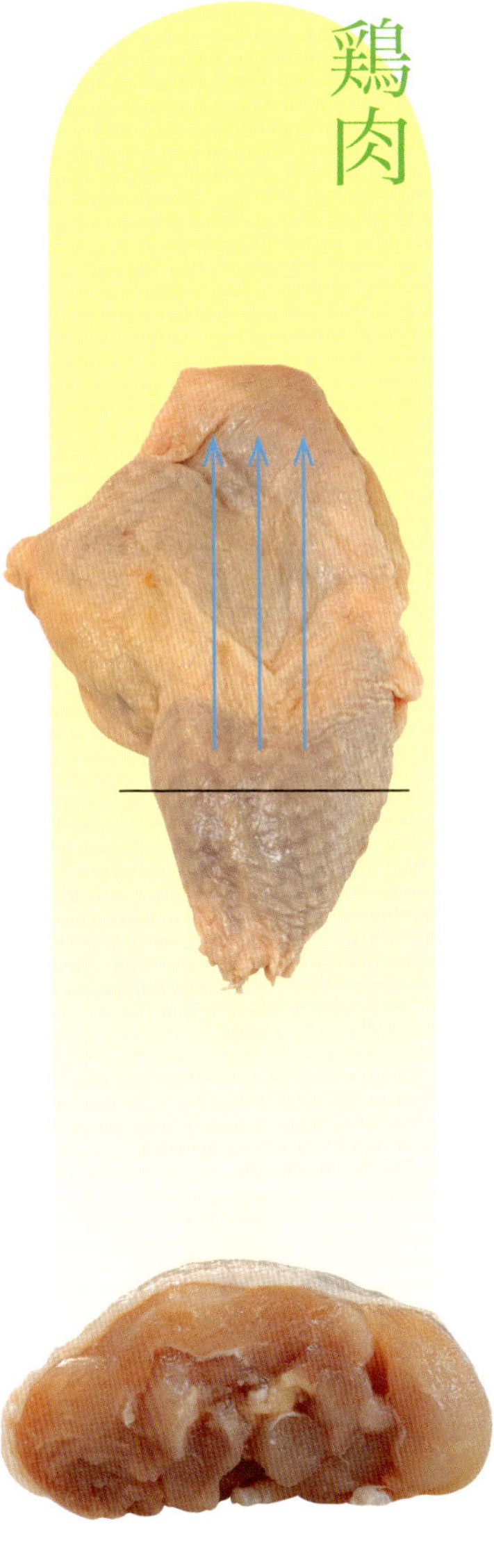
鶏肉

玉ねぎ

## 切り方のトレンド

ここまでで、素材には水分が多く含まれていること、繊維というものがあることがわかったと思います。繊維というものは、生きるために必要な水分を運んでいるいわば「ライフライン」ですから、そこを垂直に切ると水分が出てしまいます。

想像してみてください。

・きんぴらごぼうを作るとき

・野菜炒めを作るとき

きんぴらごぼうも野菜炒めも同じ炒め物です。にんじん、ごぼう、キャベツ、ピーマンなどの野菜は、噛んだときにシャキッとした食感があるとおいしく感じるものです。

水分がすっかり出てしまって歯ごたえのない野菜炒めは、お世辞にもおいしいとは言えません。察しの良いみなさんはもうおわかりと思いますが、きんぴらごぼうを作るときも、野菜炒めを作るときも、おいしく作るためには繊維を断ち切る切り方ではなく、繊維に沿った切り方をする必要があります。

逆に、繊維を断ち切るのはどんなときでしょう。例えば、玉ねぎやねぎなど香りの強い野菜は、繊維を切ると、より香りが強くなります。ですから、そばを食べるときのねぎは、香りを楽しむために輪切りにします。ポテトサラダを作るときの玉ねぎは、繊維を断ち切ることで香りや辛みを出しきり、塩をして水でもむことで、マイルドな味わいにします。

「繊維」と聞くと、どんなイメージがありますか？　繊維質、繊維が残る……という言い回しがあるくらいで、繊維は「硬い」というイメージがあります。ごぼう、しょうが、ほうれんそうの茎などを思い浮かべていただくと、イメージしやすいかもしれません。

もともと和食には「隠し包丁」と言って、味がしみやすいように、また、食材に火が通りやすいように、あるいは、ゆずやすだちなどの香味柑橘を絞りやすいように、切り込みを入れる、といった「気づかい」のひと手間があります。

今は和食だけでなく、フレンチやイタリアンなどの飲食店でも、この傾向が見られます。ステーキや魚介、付け合わせの野菜、アスパラガス、セロリ、エリンギ、ごぼう、ねぎなど、少し硬いな、という食感の食材には、食べやすいように細かく切り込みが入っているのをよく見かけます。

今の時代は、噛み応えのある食感よりも、やわらかくて軽い食感が人気のある時代ですから、おいしさへのひと手間として、「繊維に切り込み（切れ目）を入れる」というのがひとつのトレンドになっているのでしょう。

生で食べる場合、焼いて食べる場合、煮て食べる場合など、調理法にかかわらず、繊維を断つための「切り込み（切れ目）の入れ方」は同じです。繊維を断つことで、火入れ時間も短縮できて、味もしみ込みやすくなります。

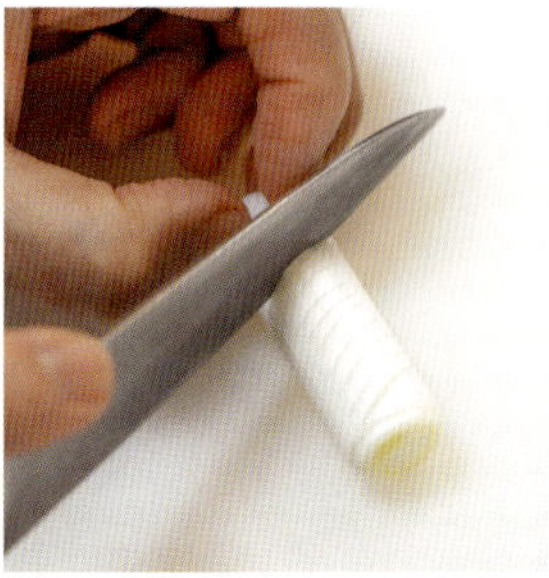

ねぎの表面に斜めに細かく切り込みを入れる

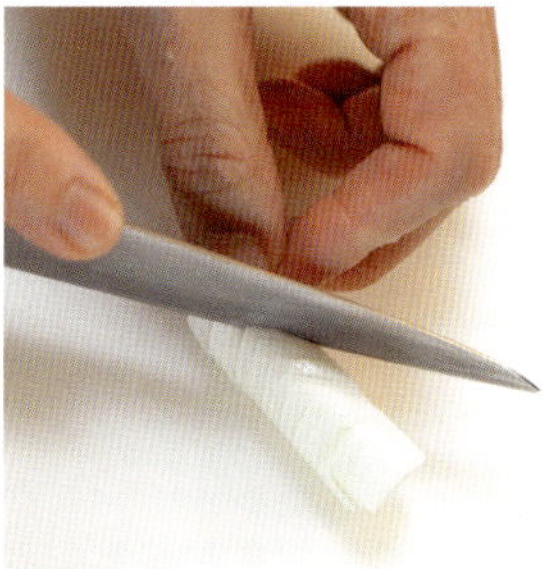

¼回転させて向きを変えて、さらにV字になるよう切り込みを入れる

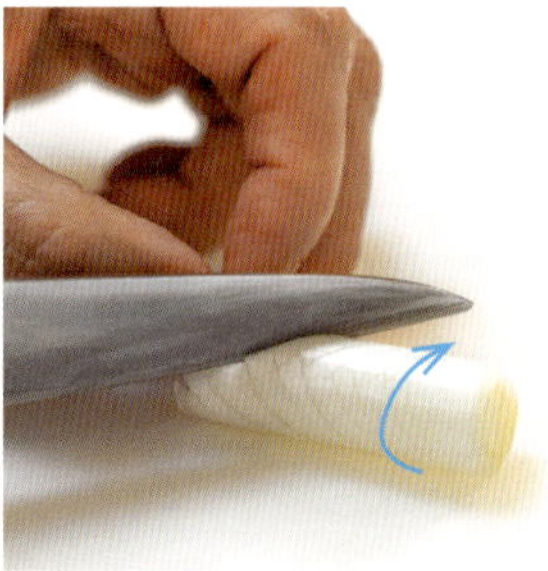

同様にねぎを回転させながら一周切り込みを入れる

スライスしたエリンギの断面に、斜めに切れ目を入れる

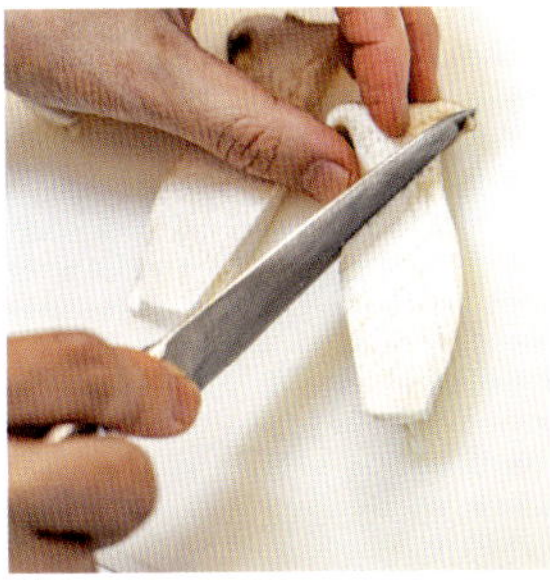

向きを変えて、さらに対角線に鹿の子に切れ目を入れる

表面も同じように切れ目を入れる（82ページ参照）

いかの皮がついていた面に、斜めに切り込みを入れる

向きを変えて、さらに対角線に鹿の子に切り込みを入れる

切り込みを入れてから食べやすい大きさに切る（94ページ参照）

「切る」ことのごく基本とも言える「繊維」について説明してきましたが、実は、料理には「こう切らなければならない」という決まりはありません。

そこが料理の面白いところで、和食には和食の、フレンチにはフレンチの、中華には中華の伝統的な切り方があり、それはその土地の食材や環境、習慣と結びついて、発展したものです。

例えば同じにんじんでも、フランスのにんじんと日本のにんじんでは微妙に味も食感も異なり、同じ調理法で作っても、同じ味に仕上がらない、ということはよくあることです。

つまり、この料理はこう切る、というある程度の習慣のようなものはあっても、正しい答えというものはひとつではありません。正しい答えは、体調によっても変わりますし、季節によっても変わります。だからこそ、味をコントロールできることが大事なのです。

そのためには、素材や調理の仕組みについて知ることで、知るためには、「切り方」を学ぶことが一番の近道なのです。

# 第二章

# 「切る」だけで作る料理

ただ切るだけの料理は、素材をほぼそのまま食べます。

その素材がやわらかいのか硬いのか、皮ごと食べられるのか、繊維がどう走っているのか、素材の特徴をよくとらえることが、上手に切るためのポイントです。

# 刺身を切る

## まぐろの刺身

繊維の方向を確認し、
繊維を断つように切る

刃元から包丁を入れて、
弧を描くように刃先まで一気にすべらせる

繊維の方向

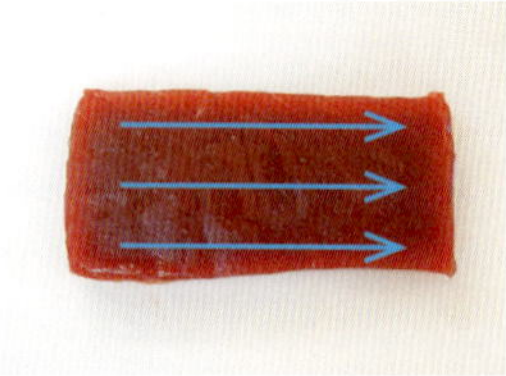

平づくり

# 鯛の刺身

## 赤身の魚は平づくり、白身魚は引きづくりが基本

引きづくり

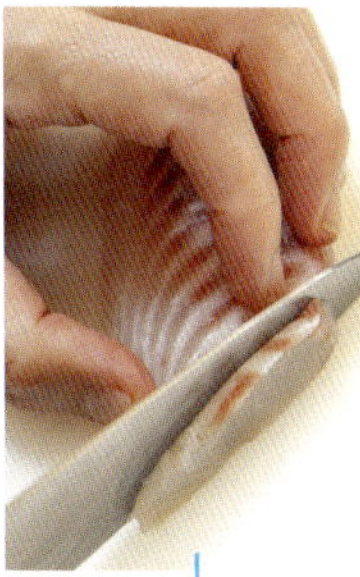


細づくり

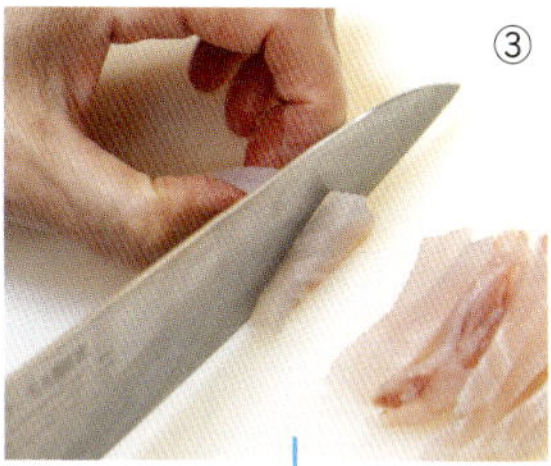

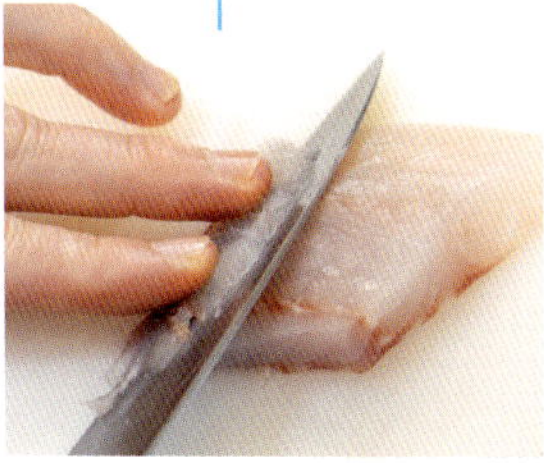

そぎづくり

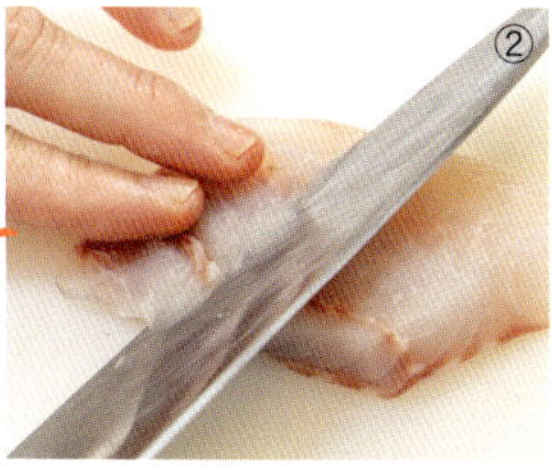

# まぐろの刺身

切り方の上手下手が一番出るのは刺身です。

道具は家庭で使う牛刀で充分です。牛刀がなぜ良いかというと、刃渡りが長いからです。

利き手のほう（右利きの場合は右）から切ります。刺身の切り方は、「引き切り」とも呼ばれますが、①刃元から包丁を入れて、②③弧を描くようにすっとすばやく切っ先まで引くようにして動かします。キコキコと押したり引いたりしながら切ると、身がくずれてぐちゃぐちゃになってしまいますが、一気に引いて切れば、くずれることはありません。

このとき、刃渡りが長いと、押しつぶすことなく大きくスライドさせながら一気に切り離せるので、刺身を切るのにちょうど良いのです。名人の切った刺身ほど、切り口が「冷たい」と言われます。

一般的に、まぐろやかつおなど、赤身の魚は身がやわらかいものが多く、肉の質感を楽しめるよう厚めに切ります。これを「平づくり」と呼びます。刺身を切るときは、まず繊維の方向を確認し、身がくずれそうなものは、繊維を断つように厚めに切れば、失敗はありません。

# 鯛の刺身

鯛やヒラメなど、白身の魚は、薄く切ります。白身の魚は、赤身の魚に比べると、身が締まっていて、硬い食感があります。ですから、歯で嚙み切れるように薄く切ります。さくで買った場合、厚さはさまざまです。まぐろやかつおのようにある程度厚みのあるものは、切り方も簡単ですが、鯛のように厚い所と薄い所がある場合、切り方に工夫が必要です。

①ある程度厚い所は、赤身の魚の「平づくり」と同じ要領で薄めに切る「引きづくり」にすれば問題ありません。②尾のあたりの繊維が多く薄めの所は、利き手の反対（右利きなら左）から切ります。包丁を寝かせるように斜めに入れて、身を大きくそぎ切りにしながら「そぎづくり」にします。③そぎづくりにするのも難しいほど薄い所は、その薄さを利用して、平づくりと同じ要領で細く切る「細づくり」にしましょう。こうすることで、それぞれの部位を無駄なく楽しめます。

盛りつけ方は、まぐろのように厚みのあるものは立て気味に、鯛のように薄めのものは寝かせて重ねるときれいに盛れます。

# 野菜を切る

## トマトのサラダ

①

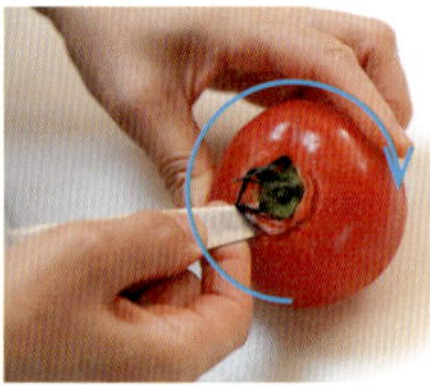

②

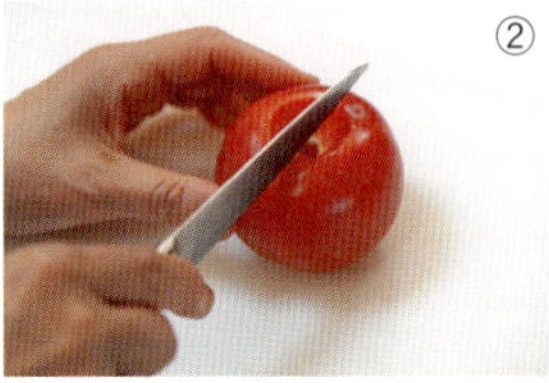

③

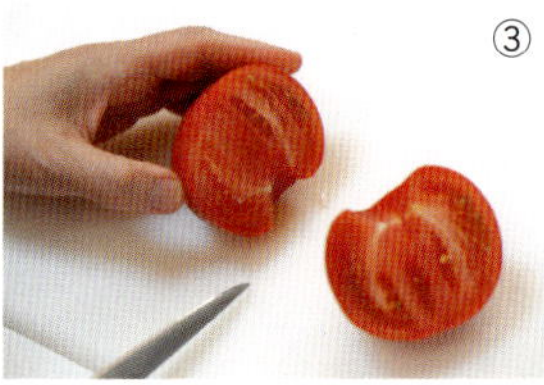

薄切り

④

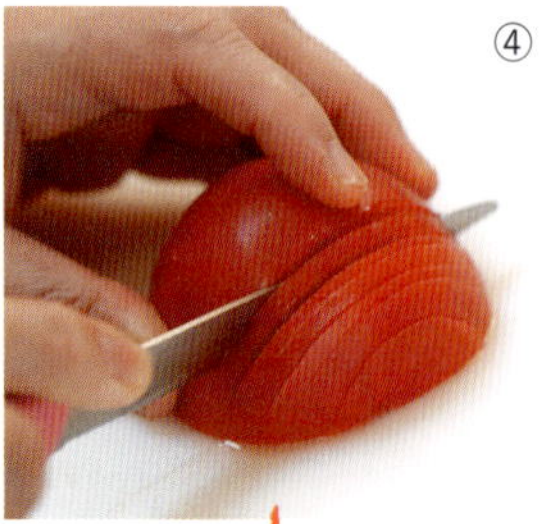

⑤

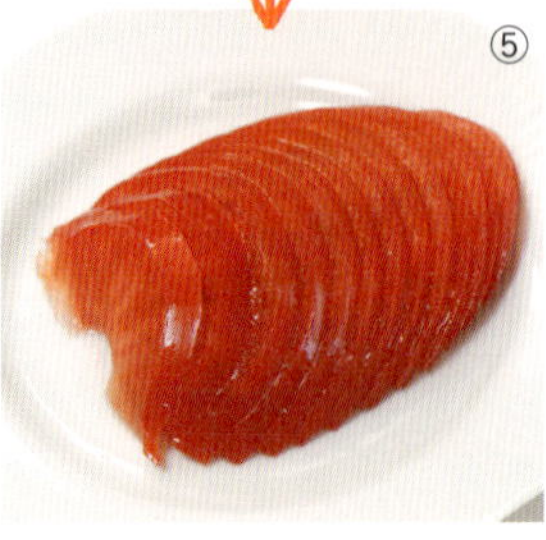

くし切り

④

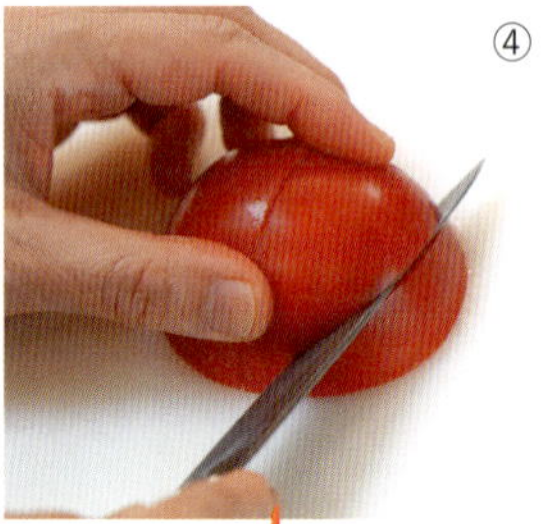

⑤

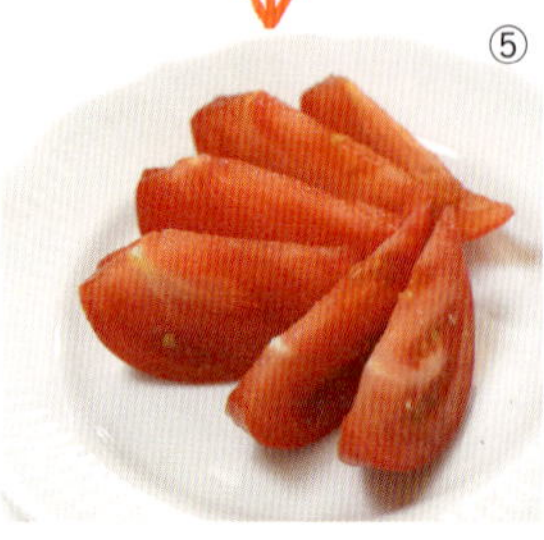

小回りを利かせたいときは、ペティナイフを使う

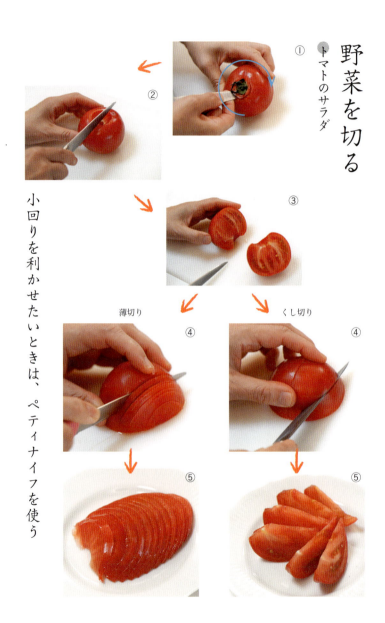

## アボカドのサラダ

野菜を切るときのポイントは皮と種

# トマトのサラダ

サラダとは、語源はラテン語のsal（塩）にadd（加える）でsaladと言われており、塩などを加えた料理のことを指します。最近では、「サラダには何もかけずに食べる」という方も多く、コンビニではドレッシングは別売りになっていたりします。もはやサラダは本来の意味からぬけ出て一人歩きしていますね。ここでは塩やドレッシングをかけてもかけなくても良いことにします。野菜を切るときは、へたをとったり皮をむいたり、どうしても細かい作業が出てくるので、できれば牛刀ではなく、ペティナイフを使うと楽にできます。

まずへたをとります。①へたをとるときは、ナイフの先に近い部分を持って、②③へたの近くに斜めに刺し込み、へたの周りをぐるりと一周してくりぬきます。その後半分に切ります。

トマトを切るときのポイントは、皮と種です。皮を切るときは、前後に動かしながら切ると、さっと刃が入ってくれます。切れないナイフを使うとトマトがくずれてしまうので、自信のない方は小さめのスナックナイフを使うと上手に切れます。種の周りには旨み成分がたっぷり。できるだけ流れ出ないようにするには、くし切りがおすすめです。

# アボカドのサラダ

アボカドは、皮が硬いのに中身がやわらかい、なかなか難易度の高い野菜ですが、やはりポイントはトマトと同じく、皮と種です。

まずはヘタをつまんで指でとり、①包丁を種に突き当たるまで刺し込んだら、全体を回すようにして、一周切り込みを入れます。②ねじるとカパッと半分に割れます。

次は種です。③種をとるときは、ペティナイフでは危険なので、牛刀を使うことをおすすめします。包丁の刃元に近い部分を種にしっかりと刺して、ひねって上に持ち上げるようにすると、すっぽりと種がとれます。④半分のアボカドをさらに縦半分の¼の大きさにすると、手で皮が簡単にむけるので、私はいつもこの方法をおすすめしていますが、過熟の場合は半分サイズのままスプーンですくっても良いでしょう。

やわらかい食材を切るときは、やはり、キコキコせずに、一気に引いて切るときれいに切れます。アボカドは切ったあと放っておくとすぐに黒くなりますので、レモン汁をかけるのを忘れずに。

# 果物を切る

キウイフルーツ

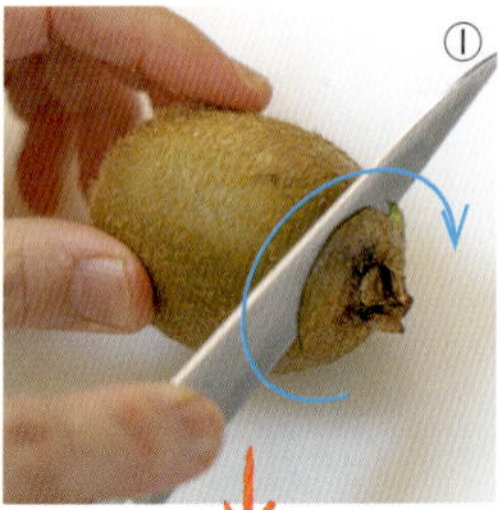

果物のつくりは大体似ているので、
基本を覚えれば応用できる

## 身だけくし形に
## きれいにとり出す切り方

オレンジ

# キウイフルーツ／オレンジ

果物の正しい切り方にも決まりはありません。りんごなどはまるごとかじっても食べられますし、オレンジも、手で皮さえむけば、食べられます。でも、簡単にできて、見た目がきれいな切り方を知っていれば、おもてなしにも役に立ちます。果物のつくりは、基本的には似ています。へたをとり、皮をむき、中身を食べやすい形に切ります。このときも、やはり果物の繊維の走り方や、構造を知っていると、身を傷めずに切ることができます。

細かい作業にはペティナイフが最適です。トマトと同じですが、キウイフルーツのように、へたが中までくいこんでいるものは、①へたの周りに一周切り込みを入れて、②へたをつまんでねじってとります。こうすると、硬い所が口に当たらず食べられます。

オレンジなどの柑橘類のへたは②スパッと切り落とします。天地を切り落とし、③薄皮ごと皮をとり除きます。④⑤房の薄皮に果肉が残らないようにナイフを中心まで入れて身をとり出します。この切り方を知っておくと、サラダに使いたいときや、ケーキに使いたいときなどに重宝します。グレープフルーツ、レモンなど柑橘全般に応用できます。

第二章

# ひとつの素材だけで作る料理

ひとつの素材だけで作るシンプルな料理は、切り方次第でおいしさが変わります。

レシピ本には、どう切るかは書いてありますが、なぜそう切るか、理由までは書いてありません。でも、その理由こそが大事です。

# 生で食べる素材の場合

レタスのサラダ
P.54

みずみずしさはそのままに
味をしっかり
からませる切り方

キャベツのせん切り
P.46

# 野菜の青臭さやアクをとり、味をしみやすくするひと手間がおいしさのコツ

きゅうりの浅漬け

P.62

セロリのサラダ

P.66

オニオンスライス

P.74

## ●青臭さとアクをとれば野菜は生で食べられる

生で食べられる野菜と、そうでない野菜の違いはひと言でいうと、「アク」の強さの違いです。アクの強い野菜とは、置いておくと表面が黒ずんでくるような野菜です。

植物の「実《み》」である果物は、生き物に食べられることで、そこから離れて旅をして、子孫を増やすため、食べてもらえるよう芳香とおいしさが備わっています。一方野菜は、実ではなく、体そのもののため、野菜自身は生き物に食べてもらいたいとは思っていません。そのため、青臭い香りがしたり、アクがあったりします。

生で食べられるかどうかは、その野菜に備わった、青臭さやアクの強さの違いです。火を通して食べる場合、火を通すことでアクが出て、青臭さも抜けます。生で食べる場合は、切る段階で、そのあたりの処理をしなければなりません。もちろん、もとからアクも青臭さもほとんど感じられない野菜もありますが、そういった野菜は、逆に繊維質が強かったり、硬かったりします。ですから、そういった処理も必要になります。

どのような処理をすれば良いかは、野菜ごとに異なりますが、大体、アクも青臭さも硬い部分も、「皮」にあります。毎日の料理を思い出してみてください。きゅうりやなすの皮は、どうされていますか？　おそらく、そのまま、という方が多いのではないでしょうか。

・きゅうりの皮を所どころ縞模様にむく

・なすの皮に細かく切り込みを入れる

レシピ本には、このようなことがよく書いてあります。これには、アクや青臭さをとり除く、という意味と、味をしみ込ませる、という二つの意味があります。

## ●葉物野菜は冷蔵庫にしまう前に水に浸ける

レタスやキャベツなどの葉物野菜は、みずみずしさが要です。ですから、水をしっかり吸わせて、水分をふくんだ状態にしてから調理に入ると、おいしさがまったく変わります。水分のない葉物をそのまま切ると、さらにしなっとしてしまいますが、水分をふくんだ葉物は、シャキシャキと切れるので、切り口もきれいな仕あがりになります。

買ってきたばかりの新鮮な野菜がおいしいのは当然ですが、忙しい現代、毎日買い物に行くのは無理な話です。しかし、買ってきた葉物野菜、そのまま冷蔵庫に入れていませんか？　私は、買ってきた葉物野菜が少しでも元気がない場合、まるごと30分ほど水に浸けて元気にして、浸けたときに表面に付いた水けをとり除いてから冷蔵庫に入れています。しなくても良いひと手間ではありますが、そのまましまうのと、一度水に浸けてからしまうのでは、野菜の日持ちも、おいしさも全然違います。

# 調理法の違いで切り方を変える

焼き肉
P.90

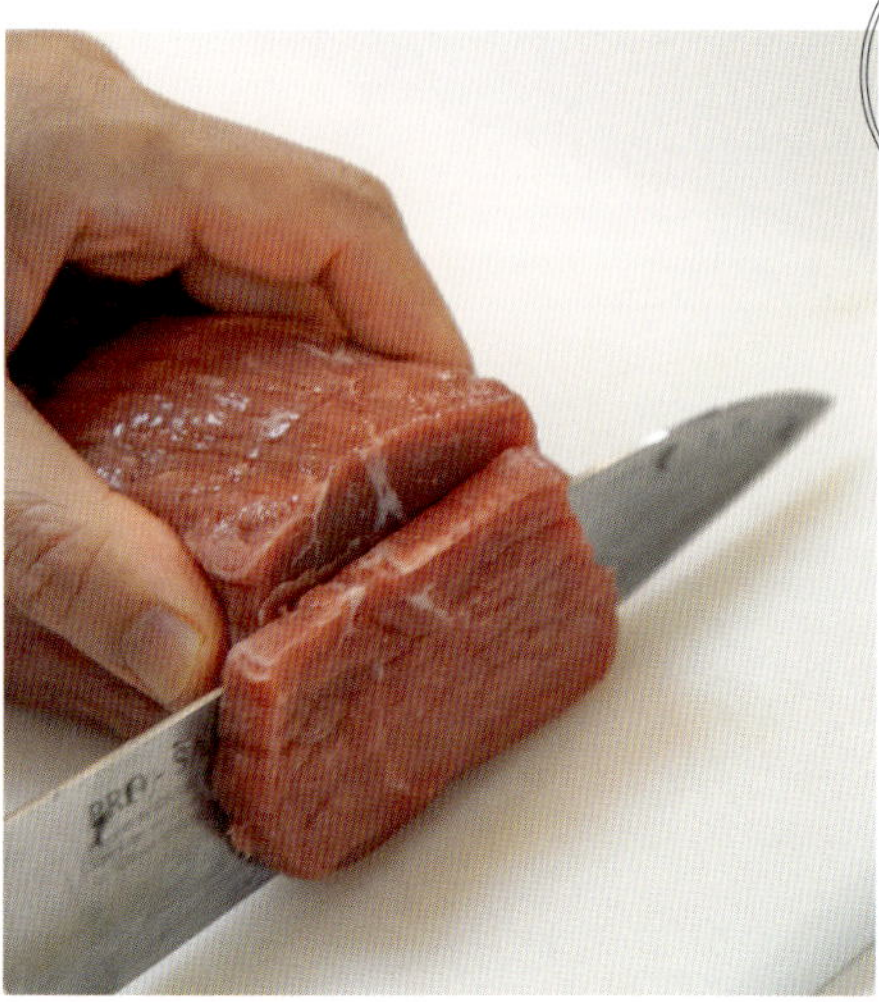

「焼く」＝高温で
短時間で火を通す。
だから、表面積は広く切る

かぼちゃの煮物
P.102

「煮る」＝長時間かけて火を通す。
煮くずれないためには、
ある程度の大きさや厚みが必要

焼くときも、煮るときも、
味がしみ込む「通り道」を作る

焼きなす

P.78

煮魚

P.106

## ●焼くときは薄く、煮るときは厚く切る

「切る」ことを考えるとき、どうしても、火入れや味付けのことを切り離しては考えられません。すべてつながっているからです。和食には「割主烹従《かっしゅほうじゅう》」という言葉がありますが、「切る（割）」が「主」、「火入れ（烹）」が「従」という意味で、これはまさに、「切り方がきちんとしていないと、煮炊きはうまくいかない」という格言なのです。

火入れの方法の代表的なものに、「焼く」と「煮る」があります。他にも、炒める、ゆでる、蒸す、ふかす、炊く、揚げる、煎る、電子レンジで加熱する、などさまざまな方法がありますが、ここでは、切り方について解説するのにわかりやすい、「焼く」と「煮る」の違いについて、説明します。

まず、「焼く」という調理法。これはひと言で言うなら、香ばしく火を通すことで表面を固める調理法です。焼いて表面を固めることで、中に旨みをしっかりと閉じ込めます。「焼く」の中にも、フライパンに油を引いて焼く場合、直火で焼く場合、いろいろありますが、大抵は、ある程度強めの火力で、短めの時間で加熱します。ですから、素材は薄く切ったほうが火の通りは早くなり、おいしくできます。

次に「煮る」についてですが、これは、ある程度時間をかけて、弱めの火力でじっくりと火を通します。ですから、煮くずれないようにするため、素材はある程度厚く切る必要があります。

これをまとめると、次のようになります。

・焼くとき　↓　強火で短時間火を通す　↓　薄く切る

・煮るとき　↓　弱火で長時間火を通す　↓　厚く切る

そして、味がしみ込むよう、切り込みを入れることで、味の「通り道」を作ってあげることです。では、「炒める」はどうかというと、「焼く」に似ています。強火で短時間、混ぜながら火を入れるため、薄く小さく切る必要があります。

## ●炒めるときは繊維に平行、煮るときは繊維に直角

初心に戻って繊維についても考えてみましょう。繊維を断つと素材の水分が出てきてしまう、という話をしましたが、炒めものは、水分が出ては困ります。びちゃびちゃの野菜炒め、想像しただけで残念ですよね。また、大きいと混ぜにくいです。一方、煮物はどうかと言えば、素材から出た水分で煮汁がおいしくなり、同時に素材も煮汁を吸いやすくなりますから、水分は出たほうが良いのです。ですから、

・炒めるとき　↓　繊維に平行に（繊維に沿って）切る

・煮るとき　↓　繊維に直角に（繊維を断つように）切る

が基本だと私は思っています。

# キャベツのせん切り

葉は一枚一枚はがす

芯はそばにある太い葉脈ごとはずし、
別の料理に使う

葉を丸めて
切り残しが
ないようにする

理想の太さは
ボールペンで書いた線

## ●ロールキャベツは外側、せん切りキャベツは内側を使う

春先のキャベツはやわらかくて甘みがあって本当においしいですよね。寒い冬はロールキャベツにしたら、体も温まって、スープに出たキャベツのエキスまで思う存分楽しめます。

でも、キャベツと言ったらやはり、手軽でおいしい「せん切りキャベツ」です。とんかつ、唐揚げ、しょうが焼き、さまざまな料理のとなりに置かれる名わき役のせん切りキャベツ。もしそのせん切りキャベツがおいしそうに見えなかったら、とんかつも唐揚げもしょうが焼きも台無しになってしまいます。

①みなさんはじっくりとキャベツを見たことがありますか？　キャベツは外側と内側で、だいぶ色が違います。葉の大きさも表と中でだいぶ違います。②バンと中心で切ると、切った所から変色してくるので、③周りからむいたほうが長持ちします。

外側からむいていくと、中心に行くに従ってやわらかくなり、色も白くなります。ですから、もしキャベツをまるごと一個買ったなら、どう食べるか計画を立てることが大事です。外側は、ロールキャ

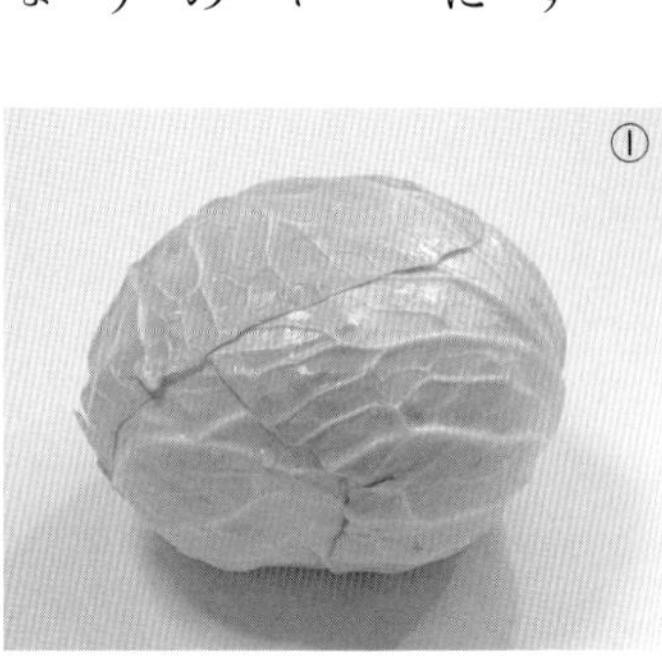
①

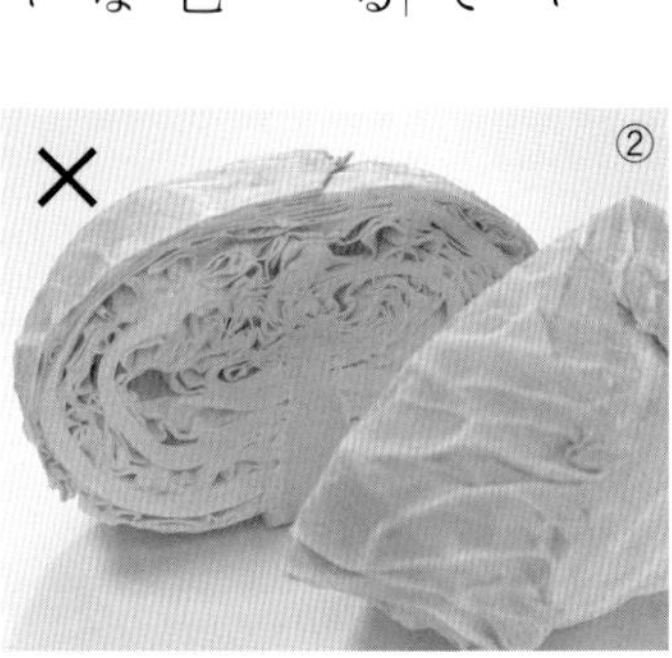
②

ベツなど大きな葉が必要な料理に当てれば効率よく使えます。

せん切りに向いているのは、中のほう。中のほうはやわらかいので、ふわっとしたおいしいせん切りキャベツができます。青みが少なくて寂しいな、と思ったら、水菜やハーブなど色の濃い食材を混ぜると、彩りが良くなります。

## ●一枚ずつはがして、厚さと向きをそろえる

では早速、正しいせん切りキャベツの作り方。

キャベツの葉は一枚一枚丁寧にむきます。④時間に追われて料理をしなければならないときは、よく二つに割ったキャベツをそのまません切りにすることがありますが、これでは、硬い芯もやわらかい葉も一緒に切ることになるので、おすすめできません。また、最近でこそ葉の間に虫がいることは少なくなりましたが、キャベツは成長過程で、さまざまなものを中に包んで結球しますので、家庭ではぜひ一枚一枚はがして、⑤水洗いしていただきたいです。

キャベツを裏返して、お尻の部分にぐるりと切り込みを入れます。

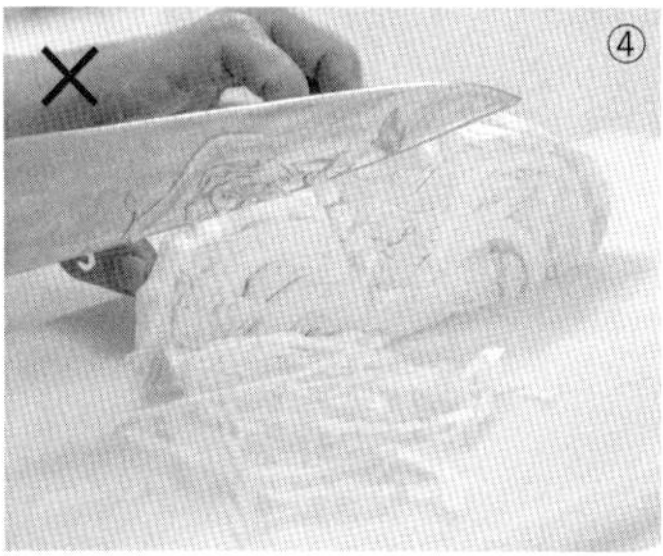

これで葉がはがれやすくなるので、その後、⑥一枚一枚はがしていきます。

次に、⑦葉の中心の厚くて硬い葉脈をとり除きます。芯だけでなく、芯の周りの太い葉脈をとることで、厚さが均一になります。こうするとやわらかい葉だけになるので、本当にふんわりとしたせん切りキャベツを作ることができます。

芯はビタミンCやカリウム、食物繊維も豊富です。捨ててしまってはもったいないので、あとでみそ汁やスープ、刻んで餃子などに使っても良いでしょう。

⑧数枚の葉を、葉脈の向きをそろえて重ね、せん切りの長さを決めます。あまり長くても、ひと口で食べられず、そばのようにすすって食べなければならなくなると、おいしさは半減してしまいます。ひと口に入る長さはせいぜい6~7㎝ぐらいです。

長さが決まれば、⑨くるりと丸めて、端から切っていきます。丸めるのは、包丁を持たないほうの手で押さえやすくなることと、きゅっと丸めて切り口を狭くすることで、キャベツをつぶさず、より手早

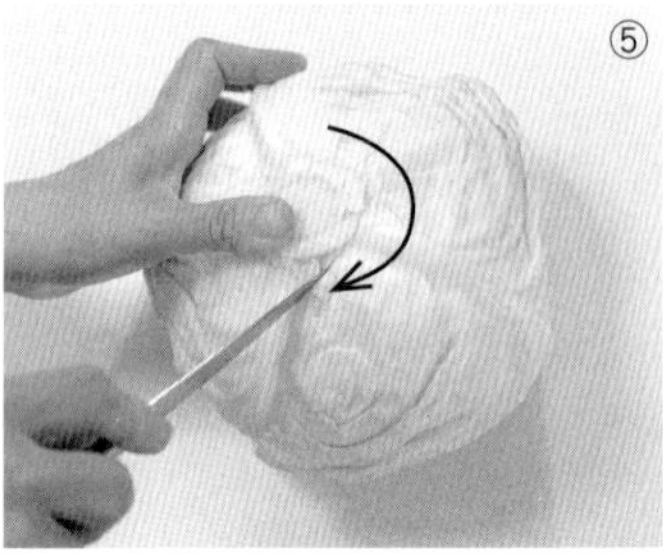
⑤

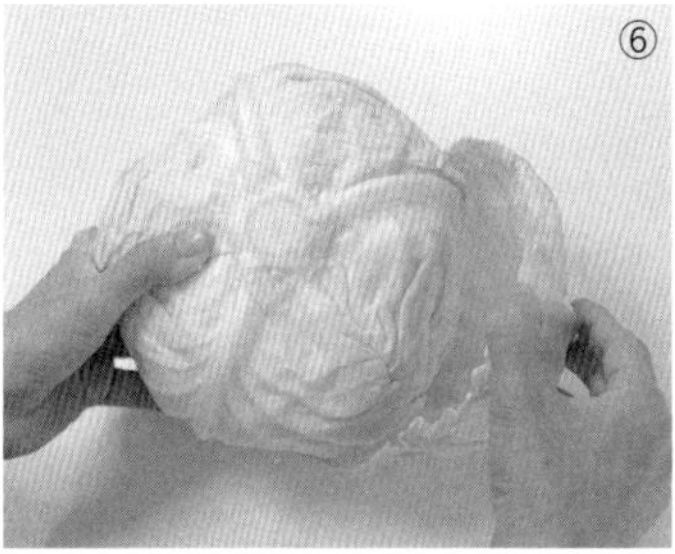
⑥

く切れるようになるからです。

切る向きですが、繊維に対して直角に切れば、ふわっとやわらかな食感に、繊維に対して平行に切れば、シャキッとした食感になります。

ときに、繊維に沿って切ったキャベツは、シャキッとしすぎて、口に入れたときに、歯茎に当たって痛いくらいになることもあります。それでは残念なので、同じせん切りでも繊維に沿って切るのはスープや炒め物にするときにしましょう。

大事なことは、線のように細くてふんわりとしたキャベツを目指すなら、まずは同じ厚さ、大きさにそろえてから、切ることです。これは他の食材をせん切りにする場合も同じです。

## ●反対の手でしっかり押さえて引き切りに

切るとき、包丁と反対の手がまったく動かない人がいます。特にせん切りは、包丁を持つ手も大切ですが、押さえる手も大事です。なぜなら、軽く力を入れて押さえることで、葉と葉が密着して切り

⑦

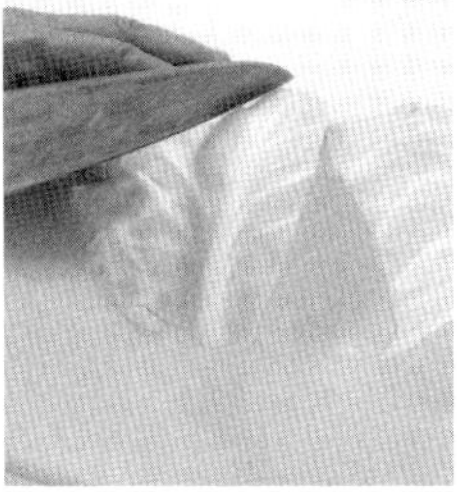

⑧

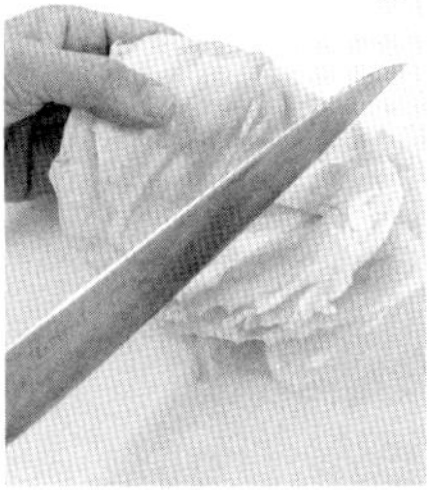

⑨

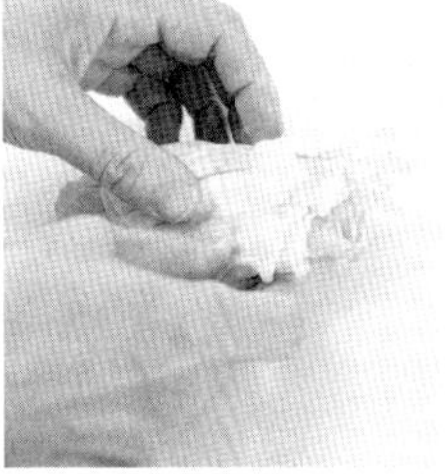

やすくできること、そして、包丁の進む先の案内役になるからです。
⑩包丁は、刃元から入れて、切っ先へ引くようにスライドさせます。包丁を持つ手は、肘ごと動かして、包丁の重みで切っていきます。この切り方なら、いくら切っても疲れません。
　ところでせん切りは、「千切り」とも「繊切り」とも「線切り」とも書きます。いずれにしても、千本くらいに、繊維のように、線のように細く切るという意味でしょうね。理想は、⑪ボールペンで書いた線です。マジックではありませんよ！

　切ったあとは、冷たい水をはったボウルに放っておくと水の中で広がって水分を吸収し、みずみずしくなり、変色も防げます。一瞬でも良いので水に浸ければ、ふわふわ感がまったく違います。

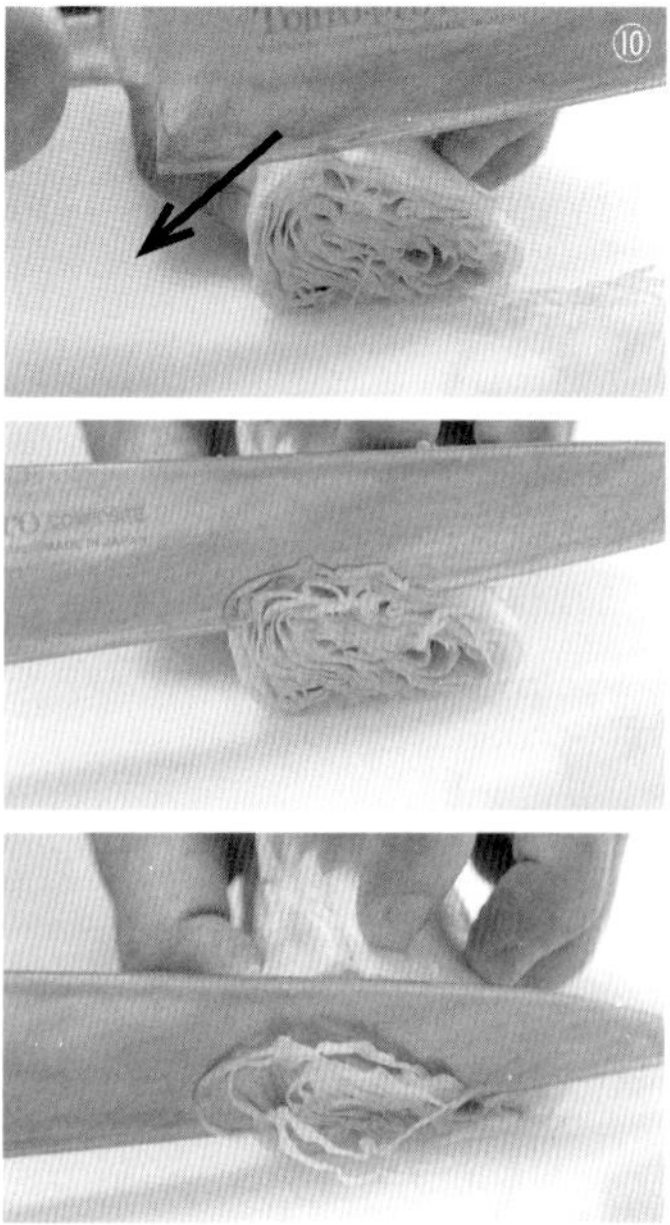
⑩

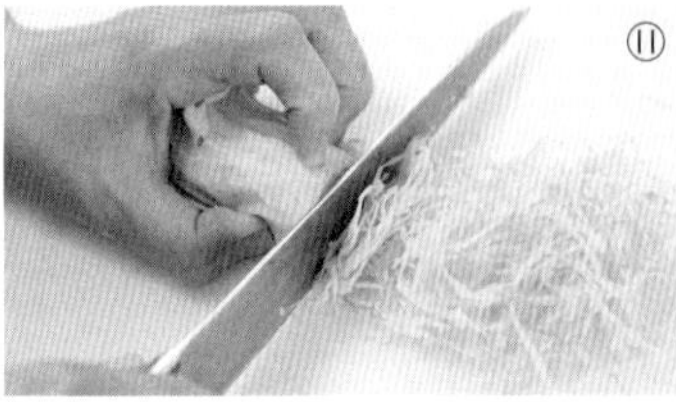
⑪

ふんわり食べるなら
繊維に直角。
向きをそろえて
きゅっと丸めて
ささっと引き切り。

## キャベツのせん切り

◆材料（2人分）
キャベツ　2~3枚
ドレッシング　適宜

◆作り方
1 キャベツは一枚ずつむき、芯は太い葉脈ごととり除く。長さを決めて、向きをそろえて重ね、丸める
2 牛刀など刃渡りの長い包丁でスライドさせながら引き切りで切る
3 2を水に浸けてシャキッとさせる
4 ざるにあげて水けをよくきり、好みでドレッシングをかける

# レタスのサラダ

## 株ごと水に浸けてシャキッとさせる

レタスは、ラテン語で「牛乳」という意味。切ると乳白色の液体が出てくることから名づけられたと言われています。

レタスは、サラダの具材の代表選手。みなさんはどうやってサラダを作っていますか？　おそらく、手でちぎっている方が多いのではないかと思いますが、それで大正解！　レタスを手でちぎるのには、きちんと理由があります。

その前に、葉物野菜の基本として、まず水に浸けて元気にさせるところから。

今日の料理に全部のレタスを使わないとしても、①まずはまるごと水に浸けます。水をはったボウルを用意。レタスのお尻の軸の部分を触ってみましょう。乾いているようだと、いくら水に浸けても、吸収してくれません。もし乾いていたら、切り込みを入れる、または軸が長めにあればカットする、などすると、水を吸ってくれます。

レタスにたっぷり水をふくませたら、必要な分量だけはがして、あとは水分をしっかりきって、また冷蔵庫にしまっておきます。

## ●手でちぎるとドレッシングがからみやすくなる

レシピ本には、よく次のように書いてあります。

・レタスはひと口大にちぎる

ちぎる理由は二つあります。ひとつは、野菜の中にふくまれるポリフェノールなどの成分が、鉄に反応して黒くなってしまうことです。ですが、レタスのせん切りも捨てたものではありません。包丁で切りたい場合は、セラミックの包丁で切れば、まったく問題ありません。

もうひとつは、ちぎって断面がギザギザになることで、ドレッシングとからみやすくなる、ということです。

②ちぎり方のポイントはひねらないこと。繊維をつぶさないように指先でつまんでスパッとちぎります。ちぎってすぐに食べないときは、冷水に浸けてパリッとさせましょう。ただ、水に浸けると栄養分はそこからぬけていってしまうので、10分以上は浸けないように

①

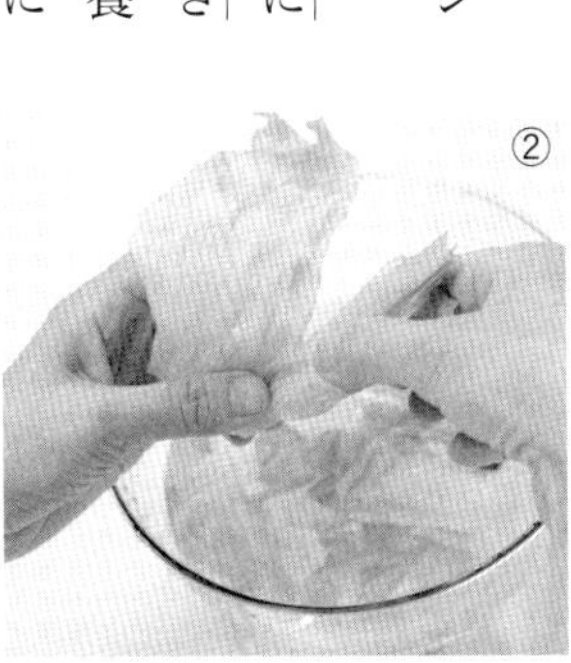
②

しましょう。サラダスピナー（水きり器）にかけて水けをしっかりきったら、全体的にふわっとさせておきます。

ドレッシングは市販のもので気に入ったものがあればそれが良いと思いますが、私の定番はオリーブオイルと塩・こしょう、ビネガーです。

順番はまずオリーブオイル。香りの良いオリーブオイルをからめることで、野菜のみずみずしさやおいしさをコーティングして、そこに塩・こしょうをふるとしっかり味が付きます。最後にビネガーをからめます。

フランス料理の場合、レタスのサラダと言うと、味付けにはいろいろなパターンがあります。それは、くるみオイル、グレープシードオイル、ヘーゼルナッツオイル、ピスタチオオイル、トリュフの香りづけがされたオイルなど、オイルだけでもいろいろな種類があるからです。

このようなシンプルな料理でも、オイルを変えるだけでさまざまな香りや味を楽しむことができます。フランスほどではなくても最近は日本でもさまざまなオイルを手に入れることができます。健康に良いと話題のえごまオイルも、すっきりとした味わいでシンプルなサラダを楽しむのにぴったりです。

レタスは株ごと水に浸けて
シャキッとさせる。
手でちぎることで、
ドレッシングと
からみやすくなる。

## レタスのサラダ

◆材料（2人分）

レタス　½個

ドレッシング　適量

◆作り方

1　レタスのお尻の軸の部分を少し切ってまるごと水に浸けてシャキッとさせる

2　ひと口大にちぎり、冷水に浸ける

3　サラダスピナーで水分をきっておき、食べる直前にドレッシングとあえる、または食卓で調味する

# 青梗菜の細切りサラダ

## ●青梗菜は小松菜や白菜によく似てる

葉物野菜で忘れてはいけないのが青梗菜《チンゲンツァイ》です。日本にすっかり定着した中国野菜。青梗菜は、ふつうゆでたり炒めたりして食べます。扱い方は、同じアブラナ科の小松菜や白菜とよく似ていて、①〜④青梗菜の株の中央あたりに包丁で切り込みを入れ、そのまま手で割き四つ割りにします。根元の軸のつなぎ目を包丁で落としてしまうと、葉がバラバラになって扱いにくくなるので避けましょう。そのまま沸騰したお湯にくぐらせればできあがり。

## ●生で食べるなら太さ2〜3㎜の細切り

青梗菜は中華料理によく使われること、油との相性が良いことから、炒めて食べるイメージが強いようですが、アクが少なくくせも

①

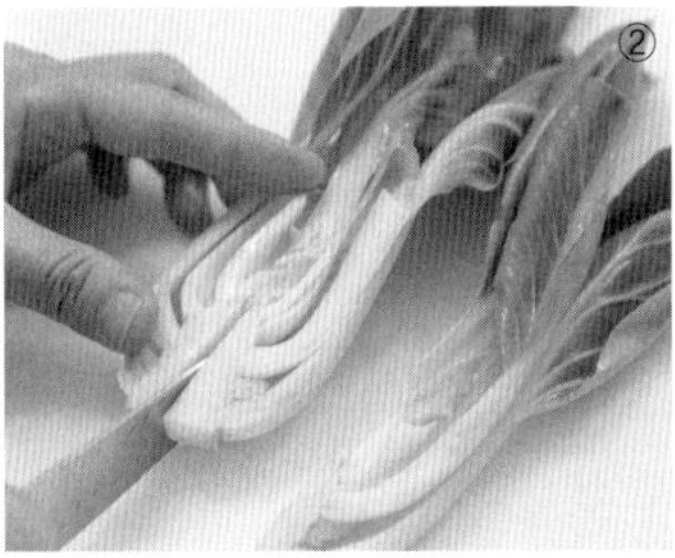
②

ない素直な野菜で、生で食べることができます。

生で食べられる野菜とそうでない野菜の違いは、アクや青臭さが強いかどうか。

例えば、大根、かぶ、にんじんは、生でも食べます。では、なすはいかがでしょう？　なすを水に浸けた経験のある方ならわかると思いますが、水の色が変わるほど、ものすごいアクですね。でも、「なすの塩もみ」は生のままです。

「なすの塩もみ」は、読んで字のごとく、なすを塩でもんだ料理です。この塩でもむことに意味があります。なすは塩でもめば、水分が出ます。この水分とともに、なすに含まれるアクが排出されるので、生で食べられるのです。きゅうりも同じで、そのままでは青臭いですが、薄く切って塩でもんで青臭い汁を出すことでおいしく食べられます。

それと同じことが言えるのが冷凍です。同じ葉物野菜の小松菜は、生では食べられませんが、一度冷凍して解凍すると、水分と一緒にアクが出るので、そのまま食べられます。冷凍にすると、ゆでてお

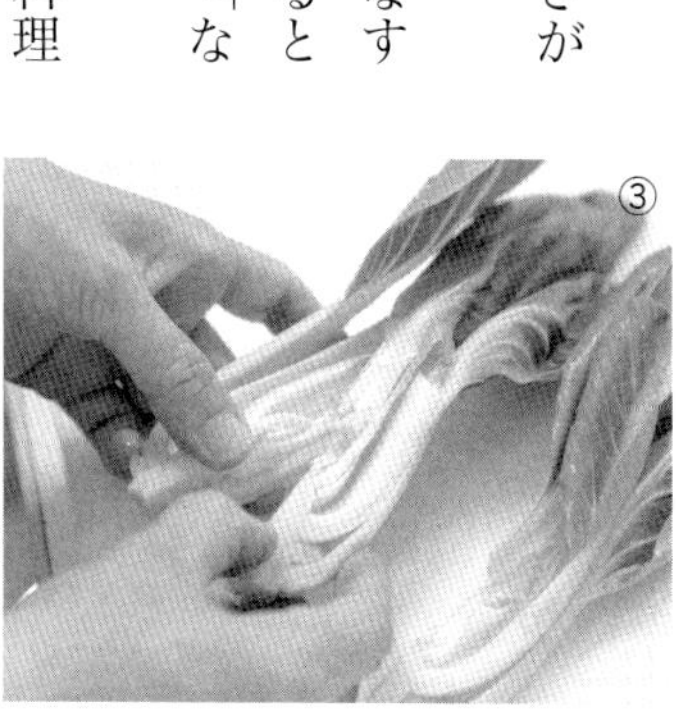
③

④

浸しにするのとは違ったシャリシャリとした食感が楽しめます。

青梗菜を生で食べる場合は、細切りが最適です。葉はやわらかいですが、レタスほどやわらかくないので手でちぎれません。でも、キャベツほど硬くないので、せん切りより細切りです。せん切りと細切りの違いは、意外に知らない人が多いですが、せん切りはボールペンで書いた線のように細く、細切りは2～3㎜、マッチ棒くらいの太さです。

葉物野菜なので、⑤シャキッとさせるために、水に浸けます。水をはったボウルに10分ほど浸けると根元の汚れも落ち、見違えるほどシャキッとします。

一枚ずつむいて向きをそろえて重ね、⑥幅2～3㎜に切ります。切る向きは繊維を断つ向きに。茎の細くなったところは、斜め切りにすると、葉との長さがそろいます。

少し苦みはありますが、切ったあと水に5分さらすだけで青臭さがぬけます。生で食べると、青梗菜そのものの歯ごたえや味が楽しめます。

⑤

⑥

アクや青臭さがとれれば
野菜は生で
食べられる。
せん切りはペンで書いた線の太さ、
細切りはマッチ棒の太さ。

### 青梗菜の細切りサラダ

◆材料（2人分）
青梗菜　1株
ドレッシング　適量

◆作り方
1　青梗菜は、根元を少し切り、まるごと水に浸けてシャキッとさせる
2　ザルにあげて水けをきり、向きをそろえて重ね、繊維を断つように細切りにする
3　水に5分さらしてアクをぬき、シャキッとさせて好みでドレッシングをかける

# きゅうりの浅漬け

**●味の通り道ができれば浅漬けはおいしくなる**

日本ではきゅうりは生で食べますが、世界を見ると、火を入れて食べるところ、皮はすべてむいて中身だけ食べるところ、いろいろあります。

浅漬けは手軽にできるきゅうりの定番料理です。正しい作り方は、①まずきゅうりの表面にあるいぼいぼを包丁の背でしごくようにして、とり除きます。次に、両端を切り落として洗い、②ピーラーで所どころ皮をむいて、味がしみ込む通り道を作ります。そして③できるだけ同じ大きさになるように、輪切りにします。

①

## ●何もしなければきゅうりは青臭い

きゅうりには苦い思い出があります。私は房総の館山出身ですが、家に畑があり、子どものころは、そこで採れた野菜を食べていました。

特にきゅうりは大量に採れたので、よくきゅうりの浅漬けを作りました。小学生のころのことです。レシピはわからないので、「きゅうりの浅漬け」のイメージを頭に描きながら、20本ぐらいのきゅうりを適当な長さにパンパンと切って、昆布、唐辛子、ゆずの皮、しょうが、塩などで浸けました。おなかはすくし、早く食べたいので、しばらく浸けて、もういいかな、ととり出してお皿に盛りましたが、それを食べたお父さんの感想は

「青臭くて種もあるし……おいしくない！」

というものでした。子ども心に悲しくなり、なぜおいしくならなかったのか思い悩みました。

小学生文代が作った浅漬けがおいしくなかった理由は、今ならよくわかります。

②

③

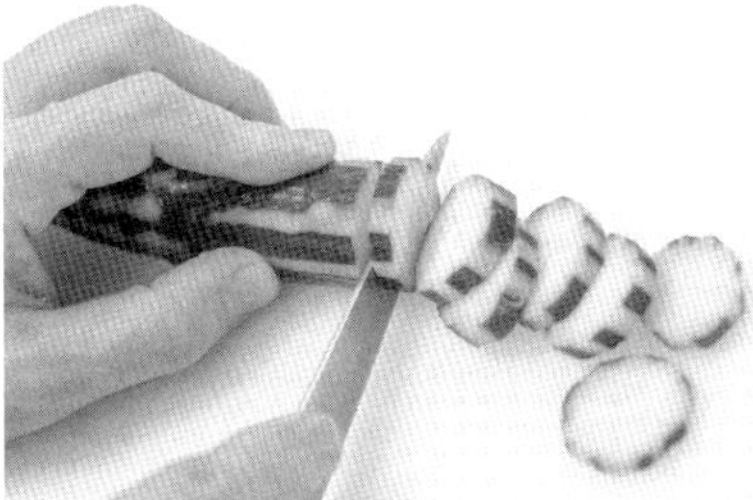

・きゅうりは何もしなければ青臭いもの
(家で採れたきゅうりは日光によく当たっていたので特に青臭かった)
・同じ大きさに切らなければ、味が均一にならない
(家で採れたきゅうりはもとの大きさもバラバラだった)
・皮をむかなければ味は入らない
(家で採れたきゅうりは特に皮が厚かった)
・種は必要に応じてとらなければならない
(家で採れたきゅうりは成長しすぎて種が大きくて硬かった)

きゅうりは他にもいろんな食べ方がありますが、薄く輪切りにして塩でもむのが一番簡単な食べ方。かっぱ巻きにする場合、縦四つ割りの棒状に切りますが、成長しすぎたきゅうりだと種が大きく口に残るので、あらかじめとり除きます。

あとは、たたききゅうり。4~5㎝ぐらいの長さに切って縦四つ割りにしてあたり棒(すりこぎ)でたたくだけ。梅肉だれ、ごまだれ、ピリ辛だれなど、味付けのバリエーションが多いのも良いところですね。

小学生文代は、たたききゅうり、という存在を知り、「たたいてから漬けるとこんなに味がしみるんだ~」と感動したのでした。

きゅうりは何もしなければ
青臭いもの。
味をしみ込ませるには、
いぼをとり、皮をむき、
味の通り道を作る。

## きゅうりの浅漬け

◆材料（2人分）
きゅうり　2本
塩　小さじ½
しょうが　1かけ
塩昆布　少々

◆作り方
1 きゅうりは包丁の背でいぼをとる。両端を切り落とし、洗って、ピーラーでところどころ皮をむき、厚さ5㎜の輪切りにする
2 しょうがは繊維に沿ってせん切りにする
3 1を密閉袋に入れ、塩と塩昆布、2を入れ、30分漬ける

# セロリのサラダ

## ●サラダには、繊維が切れて表面積が増える斜め切り

主にみなさんが食べるのは茎の部分ですが、セロリには葉っぱが付いています。セロリも葉物野菜の仲間です。

しなっとしていたら、まず株ごと水に浸けると、シャキッとします。ところが、スーパーなどで売られているセロリはほとんどがバラ売りで、株からはがした根っこがないものがほとんどです。でも、根っこはなくても、まるごと水に浸ければ、効果はあります。

気を付けていただきたいのは、こういう形をした野菜は、茎の部分を通って、葉に栄養を運んでいるということ。ですから、葉を付けたままにしておくと、栄養素はみなさんが食べる茎を通過して葉に運ばれてしまいますので、買ってきたらまず茎と葉を切り離しておくと良いでしょう。

①
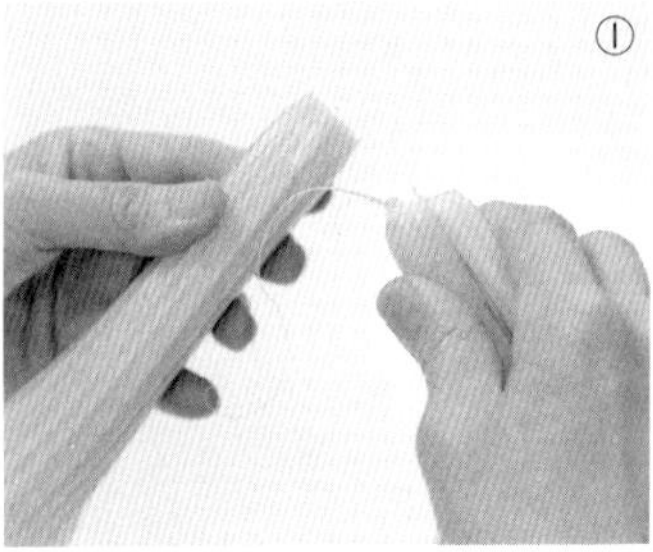

②

セロリの調理法ですが、セロリには2ヵ所節があります。①この節の部分を手で折ります。セロリは繊維質なので、折るとピュピュッと筋が出てきます。②これを、ナイフを使って所どころとり除いてあげましょう。

セロリは繊維質なので、筋をとろうと思ったらどこまでもとれます。どこまでとるか悩ましいところですが、ある程度残し、大きな筋を数本とれば充分でしょう。

次に、③長さを決めて切り、④2㎜ほどの薄さで斜め切りにします。これだけ繊維のしっかりした野菜ですから、生でそのまま食べるサラダの場合、繊維に直角に切ったほうが、食べ心地は良くなります。

セロリの斜め切りは、中華などでよくある切り方ですが、まっすぐ切ると小さくなってしまうところを、斜めに切ることで大きめにし、存在感を出す切り方です。表面積も増えるので、味もからみやすくなります。薄い所は直角にそぐように切ると、端から端まで大きさをそろえることができます。まっすぐ切っても、斜めに切っても繊維を断ち切っていることに変わりありません。

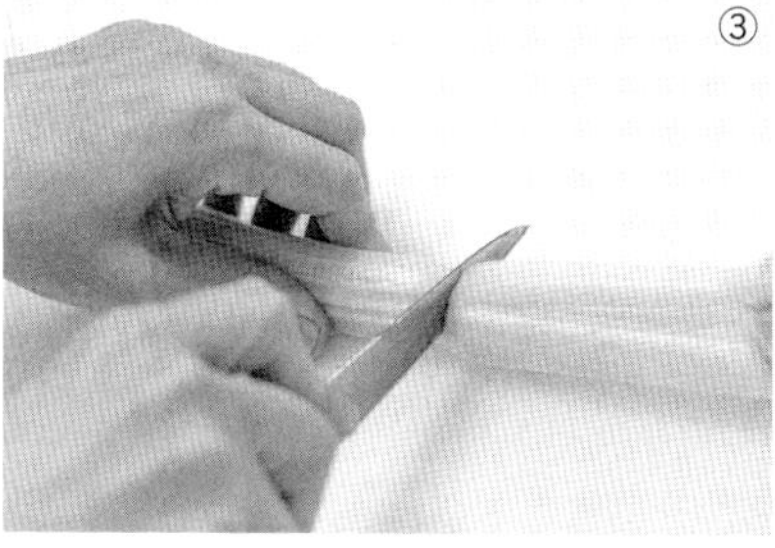
③

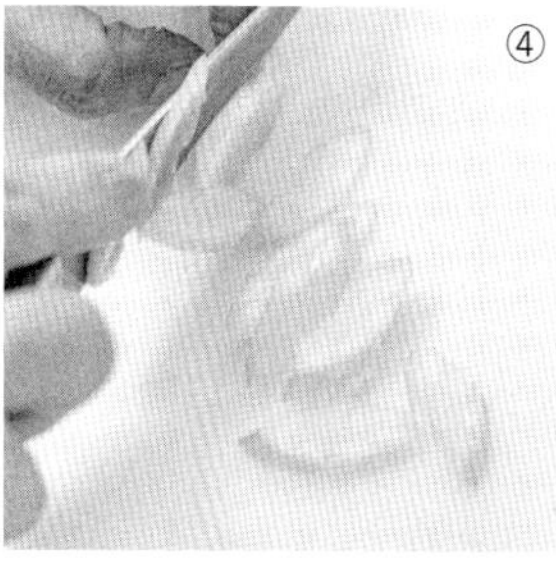
④

ドレッシングをかけても良いですし、私の定番はオリーブオイルでコーティングして、塩、レモン汁です。

### ●茎より栄養素が高いセロリの葉

次に葉です。葉は、茎の養分が運ばれているので、当然ながら茎より栄養価が高く、食物繊維も茎より豊富にあります。ですから、捨ててしまってはもったいないのです。

ただ、味が苦いのと、独特の香りがするのが、難点。きざんで水にさらせば苦みはとれますが、「良薬口に苦し」でこの苦みがまた体に良いので、悩むところです。

一番簡単な調理法は、⑤茎から切り離して⑥ざく切りにし、ごま油で炒めて、しょうゆと砂糖で味付けする方法です。他にも、煮込み料理に入れたり、彩りとしてスープの浮き実にしたり、みそ汁に入れるのもおすすめです。どれも、切り方はざく切りで充分です。

⑤
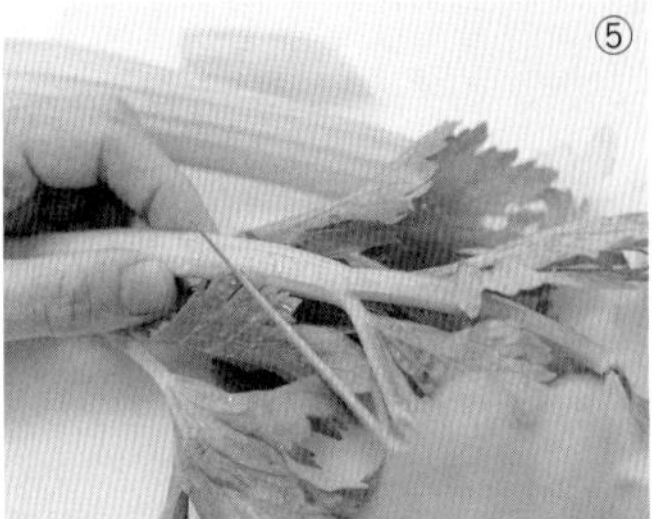

⑥

# セロリは買ってきたら葉と茎を切り離しておく。全部同じ幅に切るには太い所は直角、細い所は斜め切り。

### セロリのサラダ

◆材料（2人分）

セロリ　1本（茎）
ドレッシング　適量

◆作り方

1　セロリの筋をとり、斜め薄切りにする
2　ドレッシングをかける

### セロリの葉の甘辛炒め

◆材料（2人分）

セロリの葉　1本分
ごま油　大さじ$\frac{1}{2}$
しょうゆ・砂糖　適量

◆作り方

1　セロリの葉をざく切りにする
2　フライパンに油を熱し1を炒めてしょうゆと砂糖で味を調える

# キャロットラペ

**●フランスのデリやビストロでおなじみの、定番サラダ**

にんじんほど、定番の切り方が国によって違う食材はないなあと感じます。

日本では輪切り、短冊切り、いちょう切り、乱切りなどが定番でしょうか。大根は千六本と呼ばれるせん切りがありますが、にんじんはあまり聞かないですよね。

フランスではキャロットラペというにんじんを細切りにしたサラダは、どこのデリでも売っていますし、ビストロのメニューでも付け合わせによく見かけますし、家庭でも作る定番料理です。

にんじんにはいろいろな太さや大きさがあります。スーパーに行って、大きなにんじんと小さなにんじんがあったら、みなさんはどちらを選びますか？　好みの問題ですが、私は小さなにんじんが

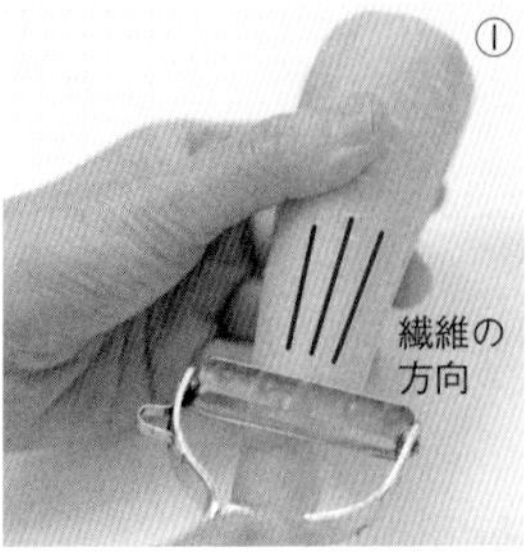

好きです。実際、小さなにんじんのほうが値段も高かったりするのですが、大きなにんじんは、真ん中が黄色くて、にんじんならではの独特の香りが強い印象があります。一方、小さなにんじんは、芯まで赤くて、にんじんの香りがそれほど強くありませんし、やわらかくておいしいなと感じます。ちなみに、フランスのにんじんは日本のものより小さめです。

## ●「ラペ」とは「おろす」という意味

①まず、ピーラーで皮をむきます。レシピ本には、「にんじんをせん切りにする」とあるかもしれませんが、どうやってせん切りにするかまでは書いていないこともあります。

せん切りの方法はいくつかありますが、大きくは二つあります。

・斜め輪切りにしてから②せん切り　↓　繊維を断つ切り方

・縦に薄切りにしてからせん切り　↓　繊維に沿う切り方

これも好みの問題ですが、私は、キャロットラペの場合、前者をおすすめします。そのほうが、しっかり味がしみ込む、ということ

②

③

と、もうひとつ理由があります。

フランスのにんじんは日本のものに比べると全般に細く、それをマンドリーヌというスライサーのような野菜切り器に斜めに当ててせん切りにおろしてキャロットラペを作ります。「ラペ」とはそもそも「おろす」という意味です。つまり、フランスのキャロットラペは、繊維を断つ方向にカットされています。ですから、繊維を断つ方向に切ったほうがより本場フランスのキャロットラペに近い形にできるのです。

フランスの家庭で使っている野菜切り器は日本のよく切れる野菜切り器とは違って、けっこう切れが悪かったりします。ですから、おろしたにんじんの表面は、意外にごつごつしています。でも、ごつごつした表面は、きれいに切った表面より味がしみやすいという利点があります。きれいにせん切りができたらうれしいものですが、キャロットラペを作るときは、がんばってきれいに切る必要はないのです。

ちなみに、沖縄の家庭料理に「にんじんシリシリ」というのがありますが、これも同様の原理の料理です。「シリシリ」も「おろす」という意味です。

切った表面は
ごつごつしているほうが
味はしみやすい。
だから、
きれいに切れなくても大丈夫。

### キャロットラペ

◆**材料（作りやすい分量）**

にんじん　1本
A
ワインビネガー
または
レモン汁　大さじ1
オリーブオイル　大さじ2
オレンジジュース　大さじ1
塩　小さじ½
黒こしょう　適量

◆**作り方**

1　にんじんは洗って皮をむき、斜め薄切りにし、ずらして並べてせん切りにする。塩（分量外）をして10分したら絞る
2　Aをボウルで混ぜる
3　1を2であえる

生
焼く
炒める
ゆでる
煮る
揚げる
サラダ
炒め物
煮物
スープ

# オニオンスライス

## ●オニオンスライスは繊維に直角に切る

玉ねぎは繊維の勉強をするのに最適な食材です。ぱっと見ただけで、繊維が手にとるようにわかりますし、実際に切って生で食べてみれば、食感の違いが一目瞭然だからです。

ここまで読み進んでくださったみなさんは、繊維に直角に切った場合、平行に切った場合の違いはすでにおわかりだと思います。水分や食感のことはもちろん、玉ねぎのような辛みや香りが強い野菜の場合、次のようなことも言えます。

・繊維に直角　↓　辛みと香りがしっかり出る
・繊維に平行　↓　辛みと香りが中に閉じ込められる

オニオンスライスのように、玉ねぎを生で食べる場合、繊維に平行に切ると、見た目は良くても、口にふくんで噛んだ瞬間、中に閉

①


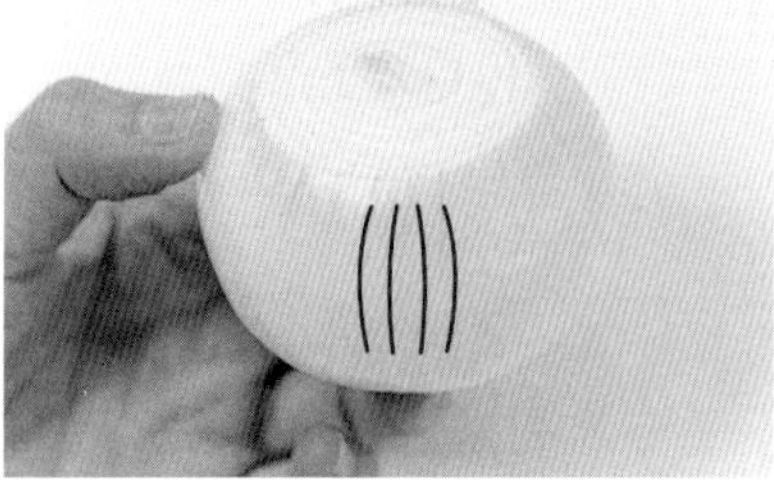
②

じ込められた辛みと香りが一気に放出する、ということになり、食べた人は大変な思いをすることになります。辛み成分は体に良いからそれでいい、という方もいらっしゃるかもしれないので、一概にダメとは言えませんが、ふつうは①②上下を切り落として③半分に切り、④繊維に直角に切ります。繊維を断ち切るように薄切りにして、水にさらして辛みと香りをとっておくと、おいしいオニオンスライスができます。また、切って15分置いておくと、辛みと香りがぬけて栄養価も高まると言われています。さらに、最近は「サラダ玉ねぎ」と言って、水にさらさずそのまま食べられる辛みのほとんどない品種も出回っています。

## ●切り方は食べやすさにもつながっている

オニオンスライスを作るときにもうひとつ私が注意したいのは、玉ねぎの大きさの問題です。料理で一番大事なことは「素材をよく見ること」といつもお伝えしていますが、生徒さんの中には、驚くほど長いオニオンスライスを作る方がたまにいらっしゃいます。

③

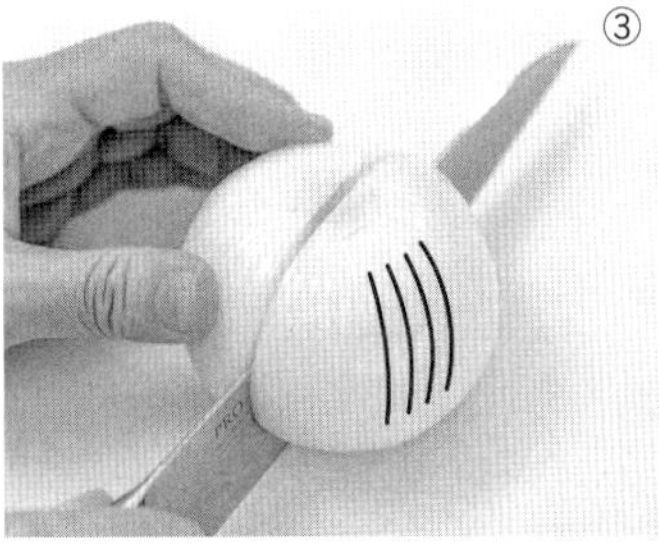

④

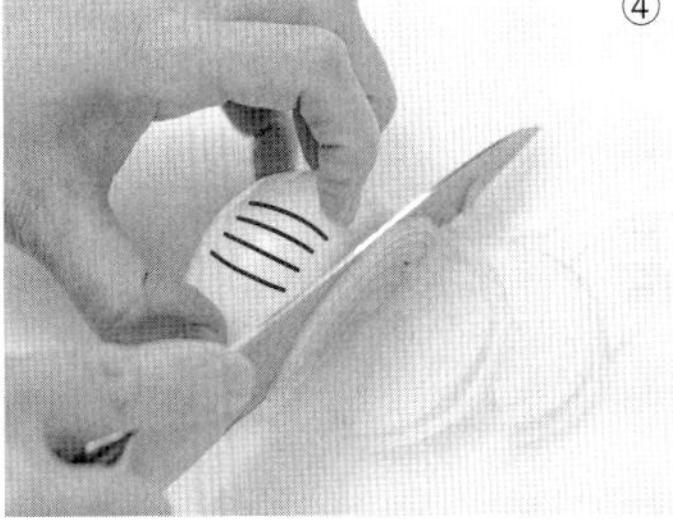

玉ねぎは、直径5㎝ほどの小さくてかわいらしいものから、その倍ぐらいある大きなものまで、サイズがいろいろあります。ですから、切るときは、できあがりのサイズを想像して、必要なら、最初に食べやすい長さに切っておく、というひと手間が必要です。また、大きい玉ねぎは外側と内側で長さが違うので、外・中・内と三段階に分けて切ることもあります。レシピには書いてないことですが、おいしさは食べやすさにも直結しています。

ところで、玉ねぎと言えば、切るときに涙が止まらなくてつらい思いをした経験がある方も多いことでしょう。繊維に直角に切る場合、繊維に平行に切る場合、比べたときによりつらいのは、直角に切る場合です。そもそも、涙を出す成分は「硫化アリル」です。これは細胞が壊れたときに出てきて、常温で空気中に発散します。ですから、できるだけ細胞を壊さないようにするには、よく冷えた玉ねぎを、よく切れる包丁で、手早く切ることです。

最後に、他の料理ではどうかというと、例えば、オニオングラタンスープは玉ねぎをあめ色になるまで炒めて、そこからさらに煮込みます。それでも最後まで、玉ねぎの原型をとどめる必要があるため、繊維に平行に切ります。平行に切る場合、注意したいのが、玉ねぎの下部の芯の部分です。ここを付けたままスライスすると、切り終わったら全部つながっていた！ということになりかねないので、最初に切り落とすのを忘れずに。

辛みを出すには繊維に直角。
形を残すには繊維に平行。
大きな玉ねぎは
外・中・内と
三段階に分けて切る。

## オニオンスライス

◆材料（2人分）

玉ねぎ　1個
A しょうゆ　小さじ1
　ごま油　小さじ1
　酢　小さじ1
かつお節　適量

◆作り方

1　玉ねぎは上下を切り落として半分に切り、繊維に直角に薄切りにする
2　ボウルに水を入れ、1を入れて5分ほど水にさらす
3　2の水けをきり、盛りつけてAを混ぜてかけ、かつお節をのせる

# 焼きなす

## ●アクをとらずに料理するとアクの味になる

なすは、古くなるとしなびてヘタが黒くなります。また、なすを切ると、切ったそばから黒く変色します。それはなすにアクがあるからです。アクをとらないでそのまま料理すると、料理がアクの味になります。どんな味かというと、はっきり言って、嫌な味、変な風味です。あえて表現するなら「えぐみ」でしょうか。

## ●しっかり切り込みを入れてたっぷりの水にさらす

ここで再び小学生文代の登場です。なすはきゅうりと同じくらい畑で採れたので、子どものころ「焼きなす」を毎日のように作りました。小学生文代の焼きなすは、グリルで焼いて熱いうちに竹串で皮をむく焼きなすではなく、フライパンに油をひいて焼く、育ち盛

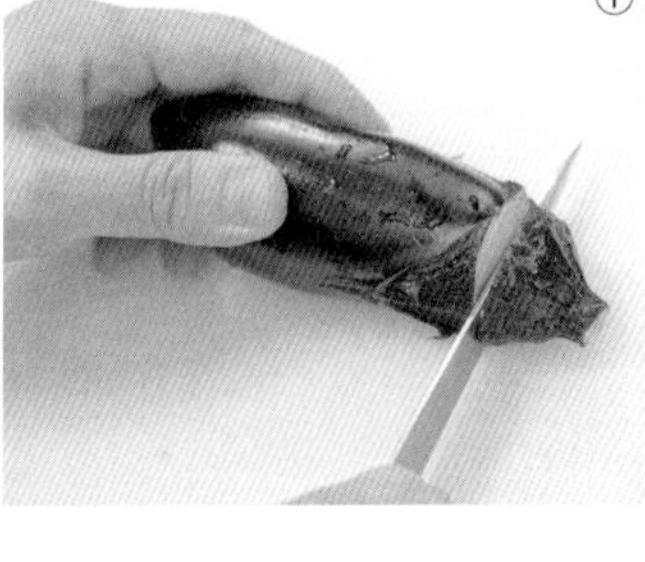

①

②

りが好きな焼きなすです。

最初のうちは、①へたを落としてただ②半分に切っただけで、そのまま焼いていました。変な味がして、どうしたらおいしくなるのか、思い悩みました。ここから小学生文代の実験生活が始まります。

そのうち、この黒くなるものは何なのだろう、と不思議に思い始め、やがてなすには「アク」というものがある、ということを知ったのです。いろいろやってみましたが、結論としては、おいしくするコツは次の二つだというところにたどりつきました。

・切り込みを入れるか入れないか
・水にさらすかさらさないか

切り込みを入れずに水にさらしても、変な味のままでしたし、切り込みを入れただけでもだめでした。切り込みの入れ方も大事で、③しっかりと、真ん中より下まで切り込みを入れなければいくら水にさらしても、アクはとれませんでした。皮に切れ目を入れるくらいでは、効果がなかったのです。そして、水の量も大事で、ひたひたの水では水が茶色くなるだけで、大してアクはとれませんでした。

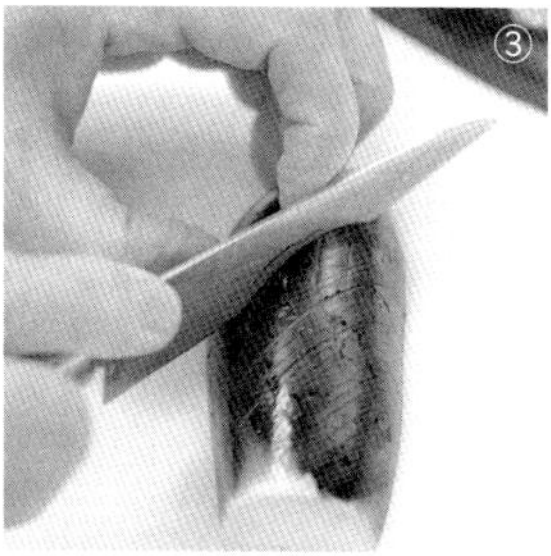

④ボウルにたっぷりの水をはる必要があったのです。

小学生文代は毎日なすを焼いて食べていたので、ただフライパンで焼くだけの単純な料理でも、ひと手間かけるだけでまったく違う味になるということを思い知らされました。

今では経験も積んで、応用もできるようになりました。手早く焼きなすを作りたいなら、なすを冷凍してしまうことです。なすはもそもそしており、少ない油で焼くと時間がかかり、びっくりするくらいの量の油を入れないとこんがり焼けません。でも一度冷凍すると、細胞が壊れて水分が出てしんなりするので、短時間で少ない油で焼くことができます。

インドにカレー修行に行ったときのことです。ぐつぐつと鍋で野菜を煮ていたら、アクが出てきたので、とろうとしたら、

「ノー」

と言われました。なぜ?と聞いたら、インド人の答えは

「アクも味のうち」

私にとっては衝撃でしたが、料理ひとつとっても、世界にはまだまださまざまな価値観があるのです。みなさんがアクの味をお好きかどうかはわかりませんが、おそらく、アクはとったほうが無難です。

しっかり切り込みを入れて
たっぷりの水にさらす。
シンプルな料理こそ、
ほんのひと手間で
まったく味が変わる。

## 焼きなす

◆材料（2人分）

なす　2本
サラダ油　大さじ1
しょうゆ　適量
しょうが（すりおろし）適量

◆作り方

1 なすはへたを落として、縦半分に切り、皮から厚みの半分以上下まで、細かく切り込みを入れ、10分ほど水にさらしてアクをぬく。途中上下を返す

2 フライパンにサラダ油を熱し、水分をしっかりとった1を入れ、両面をこんがりと焼く

3 盛りつけて、しょうゆをかけ、しょうがを添える

# エリンギのグリル

## ●和洋問わず、汎用性の高いエリンギ

フランスにいた当時、きのこ料理をよく作りました。

私がいたリヨンは、「美食の街」と呼ばれ、リヨンのあるローヌ・アルプ地方には、香りの良いきのこがたくさんあり、よく料理に使いました。中でもシャンピニョン・ド・パリ（マッシュルーム）は、価格も安く、生でも食べられるとあって、人気でした。薄くスライスしてサラダに入れたり、軸をはずして中ににんにくやハムをつめてオリーブオイルで焼いたり、魚料理のソースにしたり、バターで炒めてポタージュにしたり……。イタリアにもポルチーニ、ジロール、トリュフなど料理に欠かせないきのこが多種あります。

日本にもきのこはたくさんあります。しいたけ、マッシュルーム、しめじ、まいたけ、えのきだけ、高級なところでは松たけ……。今

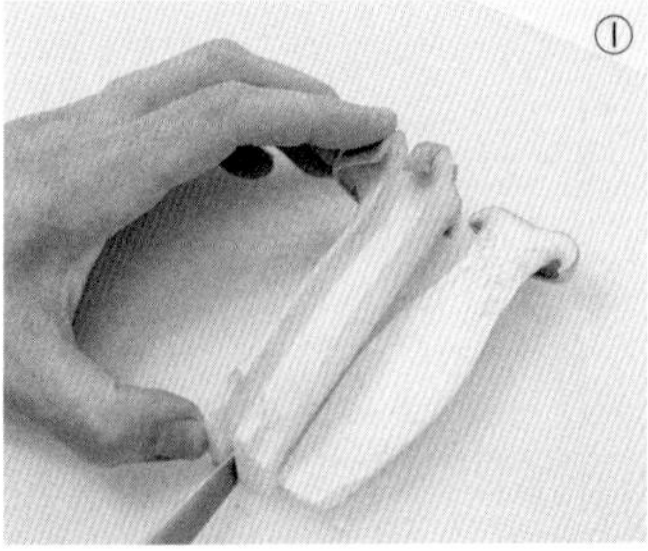

生
焼く
炒める
ゆでる
煮る
揚げる
サラダ
炒め物
煮物
スープ

日本で買えるきのこで私がよく使うのはエリンギです。最近ではスーパーでもすっかりおなじみですが、もともと日本で自生はなく、地中海沿岸のヨーロッパが原産で、フランス料理やイタリア料理では定番のきのこです。

エリンギは日持ちがします。そして、応用範囲が広いのも魅力です。洋食の付け合わせにもぴったりですし、マリネなど常備菜にもなります。しいたけのかわりに筑前煮に入れても違和感がなく、何よりただグリルするだけでとてもおいしくいただけます。

## ●両面に鹿の子に切れ目を入れる

グリルにする場合は、火が通りやすいように、①5㎜の厚さにスライス（薄切りに）します。

次に、②火が通りやすいように、断面に包丁で細かく斜めに切れ目を入れます。一方向が終われば、エリンギを逆向きにして、反対方向にも入れます。こうして格子状に切れ目を入れることを「鹿《か》の子《こ》に切れ目を入れる」という言い方をします。③さらに、裏返して表面

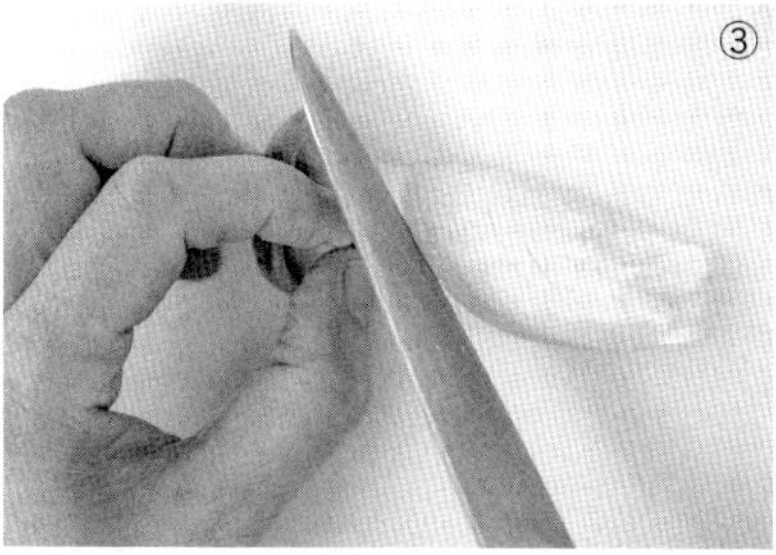
③

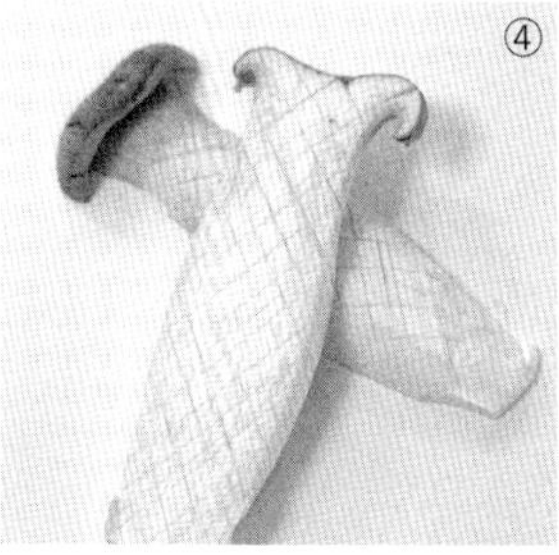
④

にも鹿の子に切れ目を入れます。（23ページ参照）

そして、オリーブオイル、塩・こしょうをまぶしてから、魚焼きグリルで焼きます。表面に焼き色が付けば、できあがり。薄く切って、切れ目を入れているので、切れ目からオリーブオイルと塩・こしょうが中に入りこんで味がよくしみ、中まで早く火が通ります。

エリンギに限らず、きのこ類を料理するときは、手で割《さ》くと、味がよくしみ込みます。まいたけ、しめじなどは特に、手で割きやすいきのこです。軸の硬い部分だけ、包丁を使ってとり除き、あとは手でほぐしましょう。⑤エリンギを手で割く場合は、長さを半分に切ってから割くと扱いやすくなります。

フライパンを使って油で焼くとき、炒めるとき、あえ物にするときなどは、手で割いたほうがおいしくできあがります。

最後に、フライパンで炒めるときの注意点をひとつ。きのこは水分が多いので、びちょびちょになりがちです。炒めるときは、菜箸や木じゃくし、へらなどを使って、蒸れないように高温でできるだけ広げて炒めるようにしましょう。

⑤
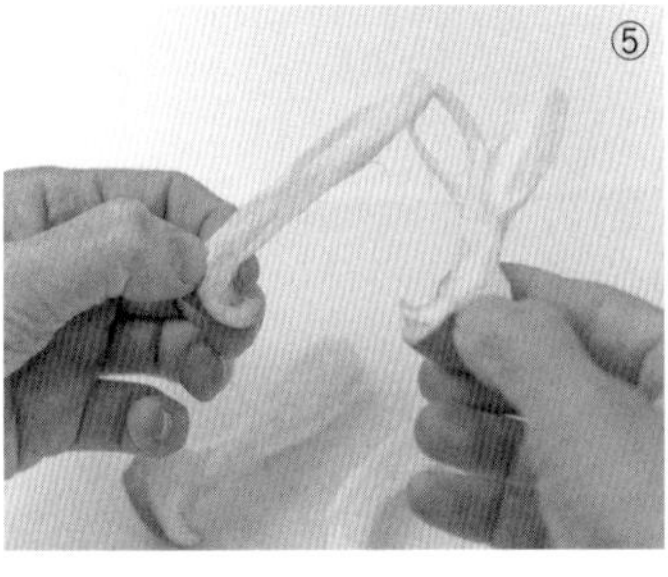

よく火が通り
味がしみる切り方は
スライスし、
両面に鹿の子に切れ目を入れる。
または、手で割く。

## エリンギのグリル

◆材料（2人分）

エリンギ　2本

A　オリーブオイル　適量
　　塩・こしょう　適量

◆作り方

1　エリンギは縦に厚さ5㎜ぐらいにスライスする。表裏両面に2㎜ぐらいの深さで鹿の子に細かく切れ目を入れる

2　Aを混ぜてまぶし、魚焼きグリルで、こんがりと焼く

# 魚の塩焼き

**●魚の下処理は焼くときも煮るときも同じ**

三枚おろしや背開きはハードルが高くても、せめて、塩焼きのための下ごしらえぐらいは自分でできるようになると、料理がだいぶ楽しくなると思います。

塩焼きに適している魚は何か、というと、たくさんあります。アジ、イワシ、サンマ、サバ、タラ、ホッケなどは家庭でも食卓にのぼりやすい魚だと思いますが、それ以外には鯛、イサキ、カマス、メバル（写真）なども適しています。

切り身の場合は、あえて切る必要はありません。りっぱな皮がついているときは、そのまま焼くと皮が膨らんで破けることがあるので、皮に切れ目を入れておくと良いでしょう。

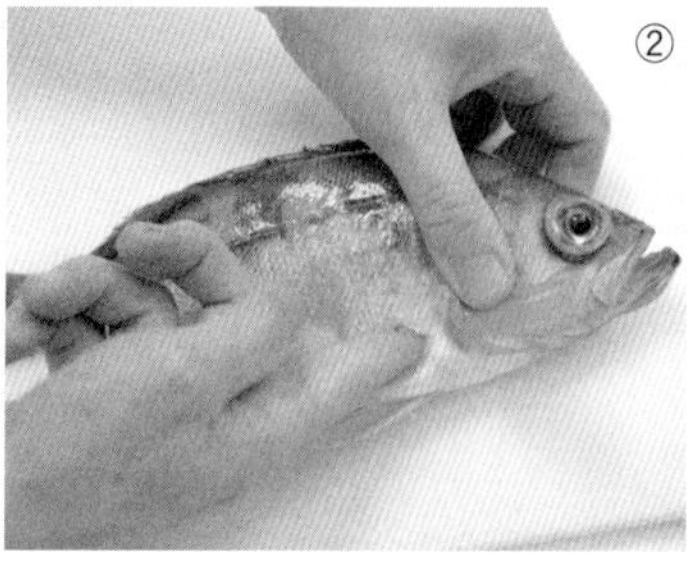

一匹まるごと使う場合は、まずうろこをとって、①裏面の腹に切れ目を入れ、②切れ目から指を入れて③④内臓をとり出して、中を洗います。

さんまやイワシはまるごと焼いて食べるのがふつうですが、アジなど小中型の魚は内臓をとり出しておくと、生臭さがとれて、おいしく仕上がります。ちなみに、アジはうろこをとるときにぜいごをとるのも忘れずに。ぜいごはアジ特有のもので、うろこが進化したものと言われています。

また、魚を購入して、その日のうちに食べない場合は、購入した日に内臓をとる所までやっておくと良いでしょう。魚の腐敗は内臓から来るので、内臓をとり出しておくと日持ちが全然違います。魚の下処理は、焼くときも煮るときもまったく同じなので、覚えておくと、両方に使えます。

魚を扱うには出刃が必要、と思っていらっしゃる方も多いと思いますが、この程度ならペティナイフで充分です。牛刀なら先が細いもののほうが、細かい作業をするには、扱いやすくて便利です。

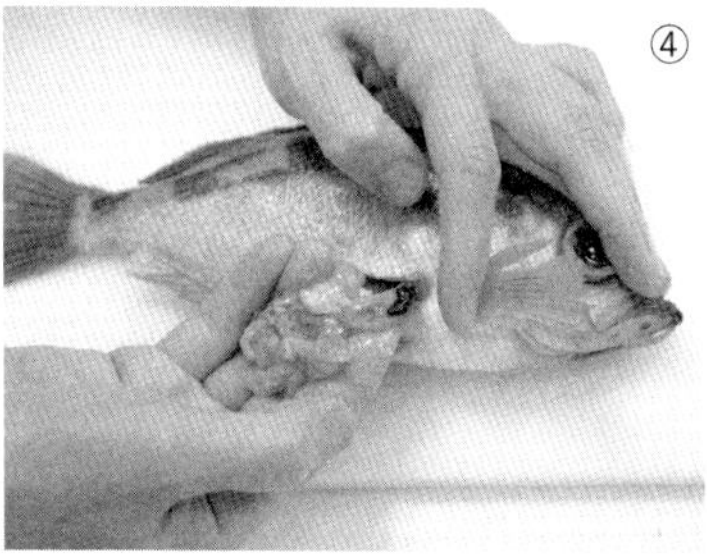

### ●塩は二度ふる。一度目はアクぬき、二度目は味付け

塩は二回に分けてふります。一度目の塩は、アクをとるための塩。このとき、皮に切れ目が入っていたほうが、アクが出やすくなります。煮魚に切り込みを入れるときは、骨に到達するまでしっかり入れます（107ページ参照）が、塩焼きの場合は、皮が破けるのを防ぐためなので、表面《おもて》の皮に切れ目が入ればOKです。

魚のアクは強烈です。少し古くなった魚を煮ると、ぶくぶくと泡が立つほどアクが出ることがあります。インドにカレー修行に行ったときに、インド人がアクを食べる、ということを知って衝撃を受けました。そのとき、気になったので魚のアクも食べるのか聞いてみましたが、さすがに魚のアクは食べない、という答えが返ってきて安心しました。野菜のアクとは比較できないほど、魚のアクは強烈です。

水分とともにアクが出たら、水分をキッチンペーパーでぬぐって、さらに塩をふります。この二度目の塩は、味を付けるための塩です。また、ヒレが焦げやすいので「化粧塩」と言って各ヒレに塩をしっかりまぶします。姿ごと焼くときは、ヒレがバラバラの場合、キッチンばさみで切りそろえると見栄えが良くなります。

皮に切れ目を入れて、
塩をふる。
水分とともにアクが出てきたら
よくふきとり、
再び塩をふる。

## 魚の塩焼き

◆材料（2人分）
好みの魚　2尾（2切れ）
塩　適量

◆作り方
1　うろこ（あればぜいごなど）をとり除き、内臓をとり出して水で洗い、ペーパーで水けをよくとる
2　皮に切れ目を入れ、全体に塩をふり5分ほど置く
3　2の水けをふきとり、再び塩をふる
4　魚焼きグリルで焼く

# 焼き肉

## ●肉を焼くと反るのは繊維があるから

さきほどから繊維の話をしていますが、私が
「食材には繊維というものがあるのだ」

と認識したのは、辻調理師専門学校（略称：辻調）に入学して、専門に料理を学んでからのことです。

子どものころは、「繊維」というものの存在を知りませんでしたから、いろいろな肉を同じように焼いても、うまくいかないことが不思議で、

「あ〜、硬くなっちゃった、なんでだろう？」

と思い悩む日々でした。はっきりと「繊維」を認識したのは辻調に入って理論を学んでからでした。

同じ煮込み料理でも、鶏は20分なんだ、豚は1時間なんだ、牛肉

①

②
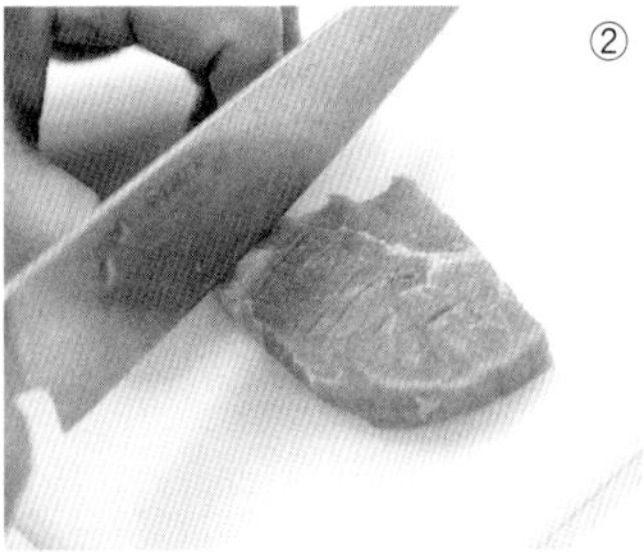

は3時間かかるんだ、でも牛すね肉は4時間なんだ、と、毎日が発見で、目からウロコが落ちるような日々でした。

肉に限らず、たこやいかにも繊維があって、繊維によって煮込む時間が違うんだ、と、辻調で初めて知りました。

時間や温度を調節することも大切ですが、それだけではなく、繊①維の方向を知って、仕上げたい形になるような切り方をすること、②③④また、鹿の子に切り込みを入れること、これもとても大事なことです。どれくらいの大きさ、厚さに切るか、これで仕上がりはまったく変わってしまいます。

また焼き肉は、そのまま焼くと反《そ》ってしまいます。これも繊維が理由です。反りを防ぐには繊維を断って焼くことです。

## ●薄い肉を重ねるか、厚い肉に切り込みを入れるか

「やわらかい肉を食べたい」

というオーダーがあったとき、私がよくやるのが、薄切りの肉に下味をして、ミルフィーユ状に重ねて厚い肉に見せかけることです。

③

④

こうして作った焼き肉は、噛みやすく、味も入って、重ねた肉と肉の間から肉汁が出てとてもおいしくなります。その逆を考えれば、大きな肉に切り込みを入れて焼けば同じ効果が得られます。

大事なことは、繊維を断つように切って、表面に切り込みを入れること。それ以外に、焼き肉を作るときに大事なことは三つあります。

・フォークで刺す、または肉たたきでたたく
・筋を切る
・下味をもみ込む

肉の繊維は加熱すると収縮します。硬めの肉は、フォークで刺したり、たたいておくと反り返りを防げます。そして、繊維と筋は別ものです。たたいただけでは筋は切れないので、包丁で切っておきましょう。中華では、下味を手でもみ込む手法が定番です。こうすると、味がしみ込むだけでなく、肉がやわらかくなります。この三つをするだけで、ぐっとおいしくなります。

市販のたれももちろんおいしいですが、肉が上手に焼けたなら、味付けはシンプルで。柚子こしょうを添えて、または塩・こしょうとレモン汁などがおすすめです。

繊維を断つように切って
表面に切り込みを入れる。
肉をたたく。
筋を切る。
下味をもみ込む。

## 焼き肉

◆材料（2人分）

牛肉（焼き肉用）　200g
サラダ油　適量
A｜酒・みりん・しょうゆ・ごま油　各小さじ1
　｜にんにく（すりおろし）　少々
　｜こしょう　少々

◆作り方

1　牛肉は表面に鹿の子に2㎜くらいの深さで切り込みを入れる
2　1にAをもみ込む
3　グリルパンまたはフライパンにサラダ油を熱し、2を入れ、強火で焼き、焼き色がついたらひっくり返して好みの火通りに焼く

# いかのわた炒め

## ●いかは四つのパーツに分けて処理する

いかをさばく手順は四つのパーツに分ける所から。まず胴から足を引き抜きます。足のほうは、目の下あたりを切って、わたと足に分けます。次に胴から軟骨をぬき、②胴とえんぺらを手で引っ張って分けます。素手ですると滑るので、ペーパーを使ってつかむと滑らなくなります。

これで、わた、足、胴、えんぺらの四つに分かれましたので、それぞれの処理の仕方を説明します。

[1]わた

今回はわた炒めなので、このわたをソースとして使います。わたは液状ですが、わた袋という薄い袋に入っていますので、この袋を破いて中からわたを出しておきます。わたは、わた炒め以外にも、

①
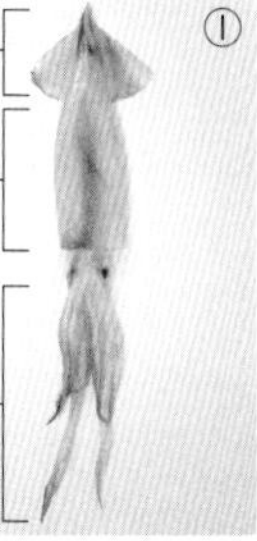


②
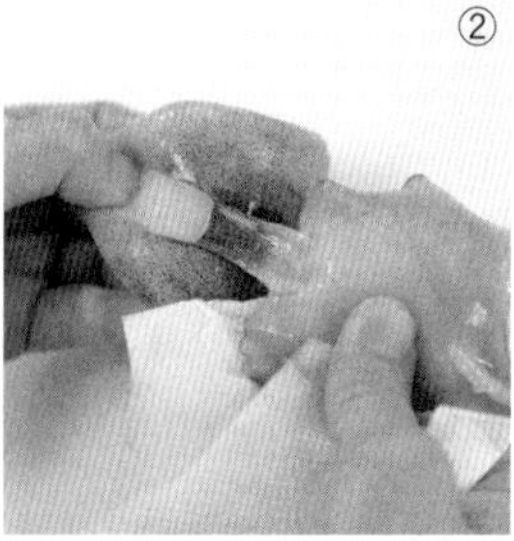

③
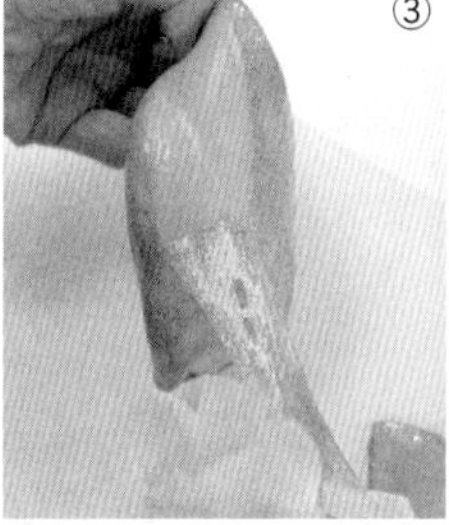

ホイル焼きや煮込み料理、パスタソースなどにも使えます。

2足

足は、付け根を開いて「とんび」と呼ばれる硬い部分をとり除きます。吸盤は包丁でこそげてとり、ひと口大に切ります。

3胴

皮をむきます。③素手ではなかなかむけませんが、キッチンペーパーを使うとスムーズにむけます。表の皮をむいたら、胴を開きます。④このとき、軟骨があった部分に沿ってやや包丁を上へ向けるようにすると、きれいに切れます。

胴を開いたら、表面に、浅く細かく鹿の子に切り込みを入れていきます。⑤表面が終わったら、裏面も同じように切り込みを入れます。こうすることで、噛み切りやすく食べやすくなります。

次に、全体のバランスを見て長さを決めて繊維に直角に切り、幅1cmほどに繊維に沿って切っていきます（23ページ参照）。このとき、包丁の先を立てるようにして、刃先で引き切りにすると上手に切れます。⑥

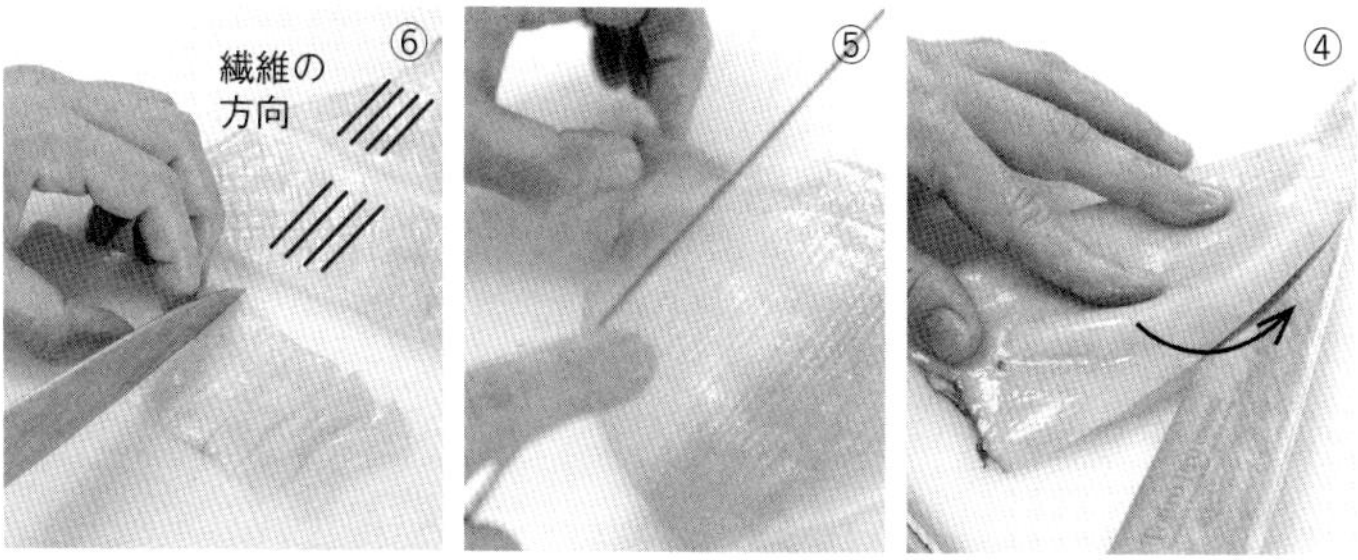

⑦④えんぺら

中央の軟骨部分を包丁で切りとり、⑧ペーパーを使って皮をはずし、胴と同じように、表裏両面に鹿の子に切り込みを入れてから、⑨繊維に沿って幅1cmほどに切ります。

### ●いかの表側に切り込みを入れる理由は五つある

細く鹿の子に切り込みを入れる理由は五つあります。

・繊維を断つことで噛み切りやすくなり、食べやすくなる
・繊維を断つことで反りにくくなる
・切り込みを入れることで火が通りやすくなる
・切り込みを入れることで味のしみ込む通り道を作る
・切り込みを入れることで寄生虫による食中毒を防ぐ

寄生虫アニサキスは60℃以上で1分以上加熱すれば死ぬので、加熱調理であれば心配いりませんが、同時に少しでも傷が付くと死にます。ですから、できるだけ細く深めに鹿の子に切り込みを入れることは大事なことです。

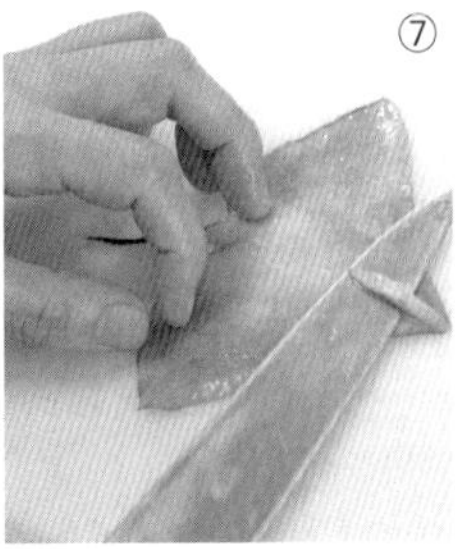


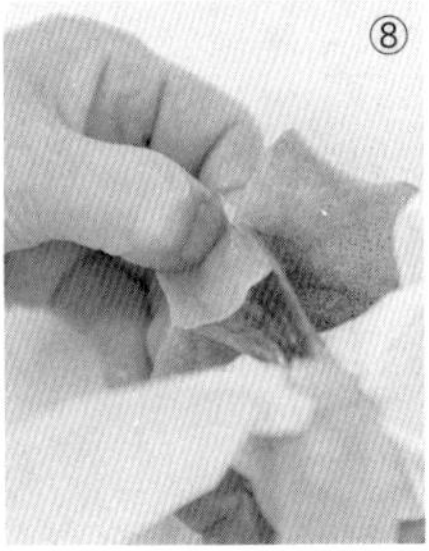


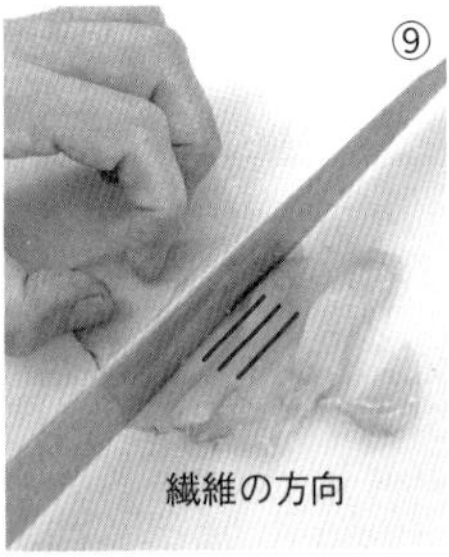

# いかを切るときは、表裏両面にできるだけ細く、鹿の子に切り込みを入れる。

## いかのわた炒め

◆材料（2人分）

いか　1杯
しょうが（みじん切り）　1かけ分
ごま油　小さじ2
A　酒・みりん　各大さじ1
　しょうゆ　小さじ$\frac{2}{3}$
万能ねぎ（小口切り）　適宜

◆作り方

1　いかをさばいてわた、足、胴、えんぺらに分ける
2　足は硬い部分をはずしてひと口大に、胴とえんぺらは皮をはずして表裏両面に鹿の子に切り込みを入れ、ひと口大に切る
3　フライパンにごま油小さじ1を熱し、2としょうがを入れさっと炒めてとり出す
4　残りのごま油、わた、Aを入れ炒め、3を戻してからめる
5　盛りつけて万能ねぎを散らす

# たたきごぼう

**●面倒くさいごぼう料理もたたけば3分ゆでるだけ！**

ごぼう、と言うとみなさんはどんなイメージがありますか？ ひと言でいえば「面倒くさいもの」でしょうか。売られている姿が、まず、土だらけで黒い……。アクが強すぎて、まな板も包丁も黒くなる。洗うだけでもひと苦労。細くて硬くて、扱いにくい……。ごぼうは好きだけど、手間ひまかけないと食べられない食材だなあ、というイメージです。それにごぼうほど正しい扱い方を知らないと困る食材はないのではないでしょうか。

ごぼう料理と言えば、和食の定番料理はいろいろあります。ささがきにして柳川煮や、せん切りにしてきんぴら、長めの輪切りにしてやわた煮……。

独特の風味は魅力ですが、ごぼうは繊維の塊みたいなものですか

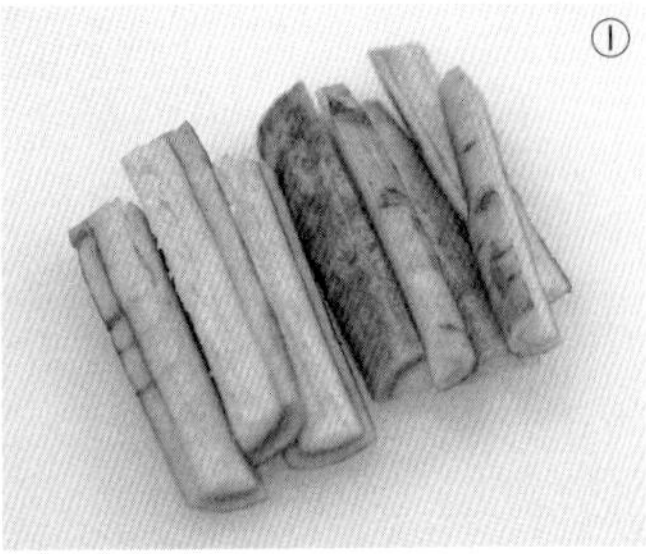
①

②

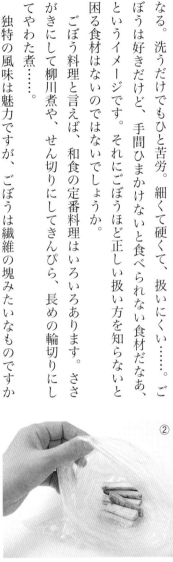

ら、おいしくいただくためには、細くするか、薄くするしかなく、切る手間がかかります。それがいやなら、時間をかけてコトコト煮込む必要があります。

でも、たたきごぼうという選択肢もあります。ごぼうのはげしすぎる繊維をたたいて壊してしまう手軽な料理です。

まずたわしでごしごしと洗いますが、洗ったそばからアクが出て黒くなりますから、一気に全部洗わず、使う分だけ洗ったほうが良いでしょう。流水のもとでシャシャシャとたわしで洗って、①5㎝ほどの長さに切り、縦四つ割りに切ります。②それをそのままポリ袋に入れて、③④ポリ袋の上からあたり棒（すりこぎ）でパンパンとたたきます（音がするので、ご近所迷惑にならないよう深夜の調理は避けましょう）。濡れ布巾を敷いたまな板の上ですると、滑ったり、飛んだり、よけいな事件が起こりません（間違って手や周りのものをたたかないように）。

5～6回たたいたら、とり出して10分ほど水に浸けてアクぬきします。こうしておけば、3分ゆでるだけでできあがり。よく水分を

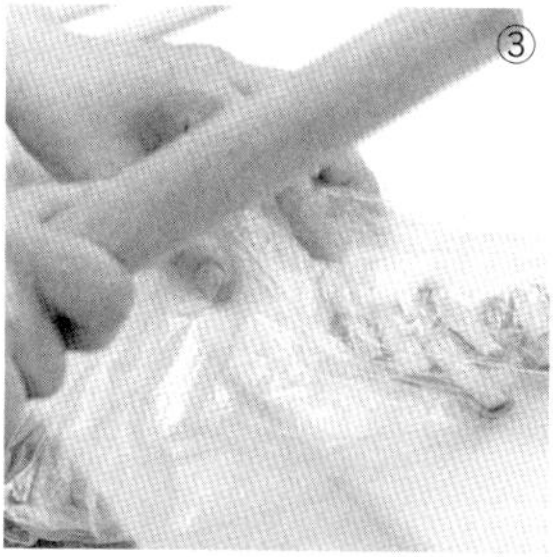
③

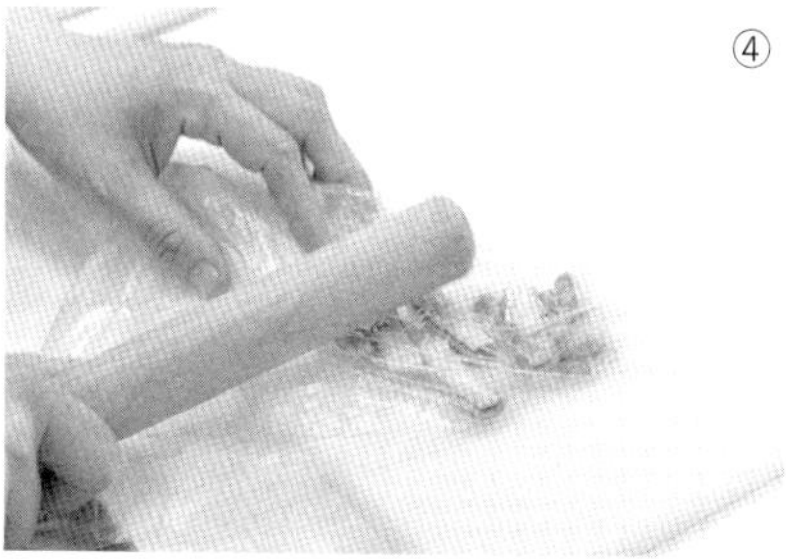
④

きって、熱いうちに味付けします。

レシピにはすりごまを使ったごまだれをご紹介しましたが、マヨネーズ、みそ、ピーナッツバター、けっこうなんでも合います。再三ごぼうのことを「面倒くさい」などと言いましたが、さまざまな調味料と相性が良いことは、ごぼうの魅力ですね。

## ●黒くする正体はポリフェノールの一種、クロロゲン酸

最近は洗って漂白したきれいなごぼうも売られていますが、土付きのほうが日持ちはします。ただ、長いものを買うと冷蔵庫に入らない場合もあるので、大量にごぼう料理をする予定でもない限りは、カットごぼうで充分だと思います。

また、アクと呼びましたが、黒くなる正体は「クロロゲン酸」というポリフェノールの一種です。いかにも黒くなりそうな名前ですが、空気に触れると酸化酵素の働きによって色が変わるので、酸化させないためには、水に浸ければ良いのです。よくごぼうのアク抜きは酢水に浸けると言いますが、水でも充分効果があります。

はげしすぎる繊維は
薄く切るか、長時間煮込むか、
どちらも手間がかかる。
でも、たたいてしまえば
3分ゆでるだけ。

## たたきごぼう

◆材料（2人分）

ごぼう　1本

A すりごま　大さじ2
しょうゆ　小さじ2
酢　小さじ1
みりん　小さじ1

◆作り方

1 ごぼうは洗って、長さ約5㎝に切り、縦四つ割りに切り、ポリ袋に入れてあたり棒（すりこぎ）でたたく。10分ほど水に浸けてアクをぬく

2 Aを混ぜておく

3 鍋で湯を沸かし、1のごぼうを約3分ゆでる。しっかり水けをきり熱いうちに2とあえる

# かぼちゃの煮物

## ●煮物のコツは皮のむき方と面取り

かぼちゃの定番料理はやはり煮物。まず半割にして、①種とわたをスプーンですくってとり出します。次に、②皮を上にして、半分に切ります。皮は硬いですが、こう置くと全体が安定します。このとき、包丁の刃の中央あたりをかぼちゃの中央に入れ、刃先をぬれ布巾などで押さえるようにして落とし、体重をかけて刃元をあとから落として、「てこの原理」で切ります。

硬いものを切るときは、どうしても力が入ります。力が入っているときについうっかりバランスをくずすと、大変なことに。こわいな、と思う方は無理をせず、電子レンジでチンして少しやわらかくしてから切りましょう。かぼちゃにふんわりとラップをかけて、1～2分レンジにかけるだけで、大分切りやすくなります。

①
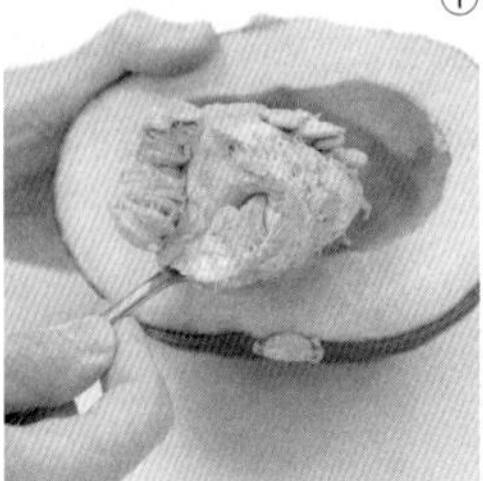

②
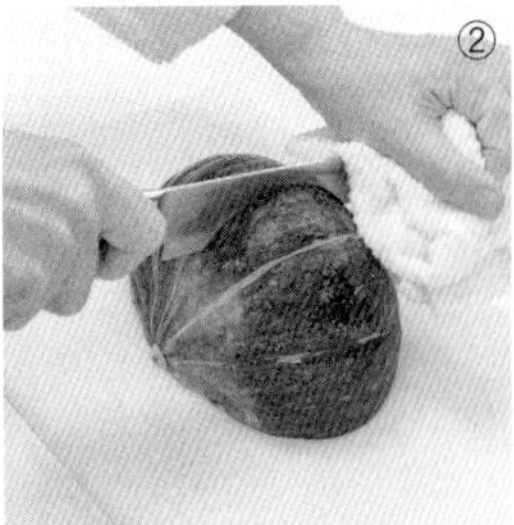

次は③かぼちゃをひっくり返して皮を下にし、同じように、刃先、刃元と包丁を入れて四つに切ります。身のほうが皮よりもやわらかいので、こう置いたほうが包丁が入りやすくなります。④そして、所どころ皮をむきますが、手に持ってむくとすべったときに危ないので、まな板に置いてやりましょう。包丁でむくのがこわい方は、ピーラーを使えばこわくありません。皮をむくと火の通りが良くなり、味もしみやすくなります。でも、かぼちゃにふくまれるカロテンは、身より皮に多く、むやみにむいてしまってはもったいないので、ある程度は残しておきます。

最後に⑤面取りです。切った断面をそのまま残しておくと煮くずれしやすくなるので、切り口の鋭角の部分を包丁で浅く削ります。こういった細かい作業をするときは、ペティナイフが適しています。

## ●切った瞬間から腐敗は始まっている

スーパーや八百屋さんなどで野菜を選ぶとき、同じ野菜でも、どうせならおいしいのを選びたいですよね。なすはとげがとがってい

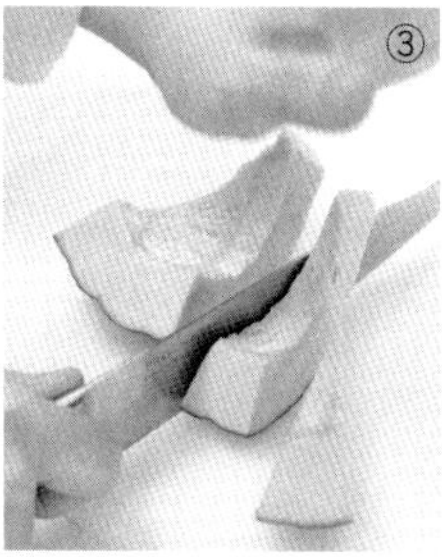
③

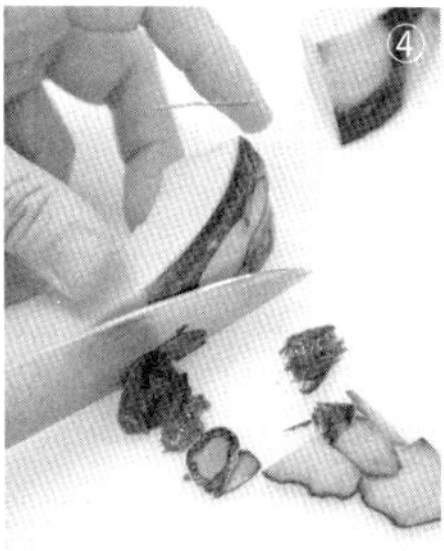
④

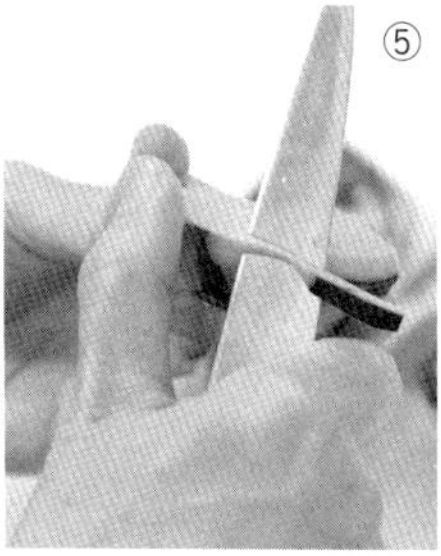
⑤

るもの、ピーマンははりがあり緑が鮮やかなもの、きゅうりはいぼがぴんとしていて太さが均一のもの……選ぶときの基準は大体決まっています。

でも、かぼちゃだけは、難しい！　かぼちゃは見た目でおいしいかどうかを見分けにくい野菜です。最近は半分にカットして売られているものが多いので、カットされているものなら中身が見えます。色の濃いもの、わたと種がしっかりつまっているものを選ぶと間違いが少ないと思います。それでもやはり難しいのがかぼちゃです。

カットして売られるかぼちゃの中には真空保存のものもあります。「切る」ということを考えるとき、「保存」のことは切り離せません。というのは、どんな食材も、切って空気に触れた瞬間から腐敗が始まるからです。ですから、切ったあと、できるだけ空気にさらさないでおけば、腐敗のスピードを遅くすることができます。

家でも「真空保存」は簡単にできます。⑥密閉袋に切りかけの野菜を入れて閉じ、端からストローを入れて空気を口で吸い出すだけです。だまされたと思ってやってみてください。ポリ袋にがさっと入れるよりずっと状態良く保存できます。

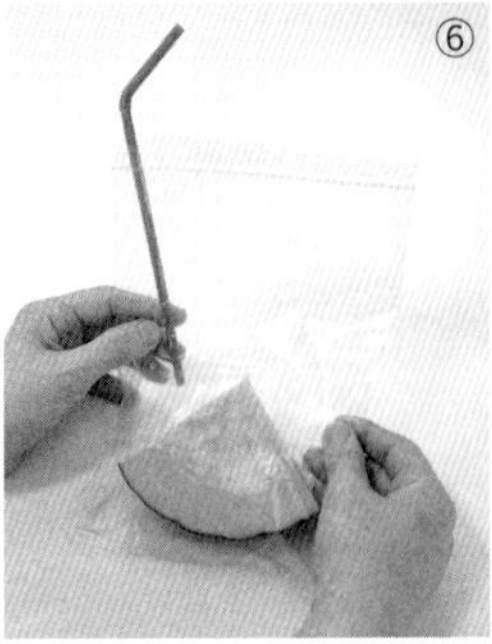

切ったものは
空気に触れた瞬間から
腐敗が始まる。
長持ちさせるためには
真空保存。

### かぼちゃの煮物

◆材料（2人分）
かぼちゃ　1/4個
A　みりん　大さじ1
　しょうゆ　大さじ1
　砂糖　小さじ2

◆作り方
1　かぼちゃは種とわたをとり、長さを半分に切り、さらに四等分する。所どころ皮をむき、面取りする
2　鍋に1を入れ、水カップ1とAを入れて火にかける
3　沸騰したら弱火にして落とし蓋をして15分ほど煮る

# 煮魚

**●ただ煮るだけの煮魚にもおいしく作るコツがある**

煮魚をおいしく作るコツはいろいろあります。大事な所をピックアップすると次の五つです。

1 鮮度を見る
2 臭みをとる
3 皮目から切り込みを入れる
4 火にかけるタイミングと火加減を適切にする
5 落とし蓋をする

**●五つのコツはすべて「切り方」につながっている**

1 鮮度を見る

この本の中で最初にお話ししたことですが、これから調理する素材がどんな状態か、「見る」ことは大切です。鮮度が良ければ問題

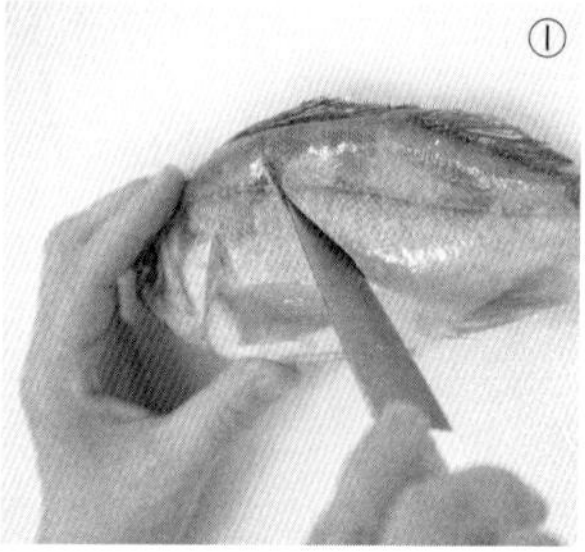
①

ないですが、もし鮮度があまり良くないな、と思ったら、臭みをとるひと手間が必要です。

### 2 臭みをとる

鮮度を見て、必要ならしょうがやねぎなどの香味野菜を準備しましょう。しょうがならスライスしたもの2枚ぐらい、ねぎなら食べるには硬い青い部分で充分です。香味野菜ではありませんが、ごぼうにも魚の臭みをとる効果があります。ごぼうを5㎝くらいにカットして、そのまま魚と一緒に煮ると、臭味がとれます。

内臓が付いている魚であれば、魚の塩焼き（86ページ参照）と同じように、内臓をとって水洗いします。臭みがひどければ、一度熱湯に通しておくと臭みがとれます。90℃の熱湯を魚の表裏両面にざっとかけます。100℃だと身が反ったり割れたりするので90℃が最適です。

### 3 皮に切り込みを入れる

ポイントは、①②③包丁を使って、骨に到達するまでしっかりと切り込みを入れることです。骨までしっかり切り込みを入れることで、身

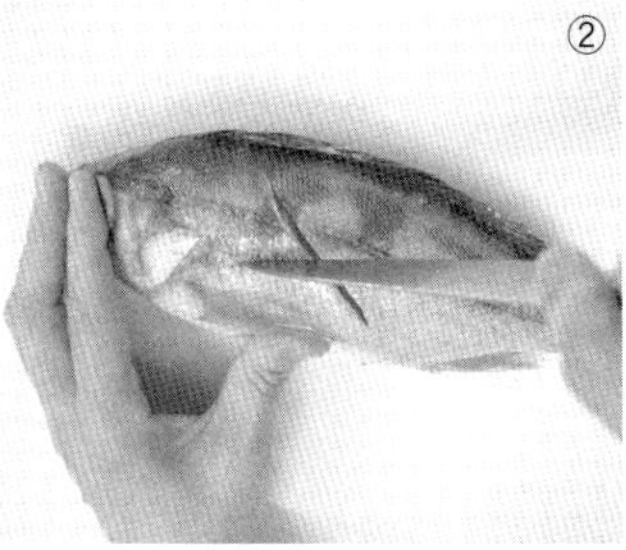

に味がしみるだけでなく、骨の旨みが煮汁に出て、おいしくなります。これは和食だけでなく、イタリアンのアクアパッツアを作るときも同じです。

ただ、ここで注意しなければならないのが、骨には臭みもあるということ。特に煮込みすぎると骨の髄の臭みが出てしまいます。ですから、骨の旨みを出すなら、臭みが出ないよう、高温で、適切な時間煮る必要があります。

4火にかけるタイミングと火加減を適切にする

だからこそ、火にかけるタイミングと火加減が大事。煮魚を作るときの基本は、煮汁の材料を火にかけて沸騰させてから、魚を入れることです。

5落とし蓋をする

落とし蓋をすることで、煮汁が均一に行き渡ります。切れ目から味がしみ込み、骨の旨みも出て、おいしく仕上がります。蓋で密閉すると臭みがこもりますが、落とし蓋ならその心配もありません。

魚に火が通れば、必要以上には煮ません。煮魚はひっくり返さないので切り込みは裏には入れず、表面《おもて》だけです。裏にも切り込みを入れると、火が通りすぎたり、とり出す際にくずれます。

煮魚をおいしく作るには
五つのコツがある。
これらはすべて
「切り方」に
つながっている。

## 煮魚

◆材料（2人分）

好みの魚　2尾（2切れ）

A
- しょうゆ　大さじ1½
- 酒　大さじ1
- 砂糖　大さじ1
- みりん　大さじ1

しょうが（薄切り）2枚

◆作り方

1 うろこをとり除き、裏になる面に包丁を入れて内臓をとり出して中を水で洗い、ペーパーで水けをよくとる

2 表になる面に、骨に達するくらいの深さで皮に切り込みを入れる

3 鍋に水カップ1とAを入れて沸騰させ、砂糖が溶けたら1を入れる

4 落とし蓋をして7〜8分煮る

# ふろふき大根

**●皮は厚くむき、切り込みは深く入れる**

大根は、季節によって、食感が変わります。市場によく出回っている青首大根の場合、やはりおいしく食べられるのは「旬」の晩秋から真冬にかけて。

また、最近では葉を落として、半分にカットされて売られていることが多いですが、上半分か、下半分かによってやはり味も食感も違います。上半分は質感が硬く、首に近い部分は青みがかっていますが、下半分は白く、根に近い部分は辛みがあります。ふろふき大根など煮物に良いのは上のほうで、下の場合は、大根サラダや大根おろしなど、生で食べるのに向いています。

さてふろふき大根です。最初に皮をむきますが、①大根の皮は厚くむきます。同じ根菜でも、ごぼうは皮つきのまま、にんじんは薄くむくのが正解です。それは皮や皮に近い部分に栄養があるからです。

①

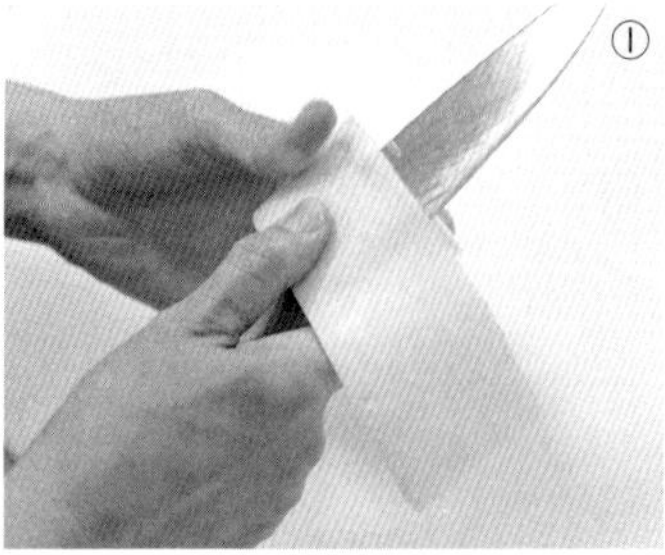

大根の場合は、栄養ではなく、筋の問題です。皮に近い部分には筋が多く、薄くむいただけでは筋が残ってしまって、食感がごそごそしてしまうからです。

次に輪切りにしたら、面取りをします（103ページ参照）。大根は面取りをしないと、煮たときに角がくずれやすくなります。

そして、「隠し包丁」を入れます。②ちょうど大根の中央の火の通りにくい部分に、⅔の深さまで一文字に包丁で切り込みを入れます。つまり、3㎝の厚さの大根なら、2㎝の深さまで切り込みを入れるということ。③ふろふき大根の切り込みは、思った以上に深く入れて良いのです。終わったら向きを変えて、さきほど入れた切り込みと直角になるように、もう一本、十文字になるように切り込みを入れます。このとき、端まで入れる方もいますが、端まで切ってしまうと煮くずれることがあるので、中央部にとどめたほうが賢明です。味が入りにくい部分に切り込みを入れることで、早く火が通り、よく味がしみ込むようになります。

ちなみに、隠し包丁というのは、できあがったときに見えないよ

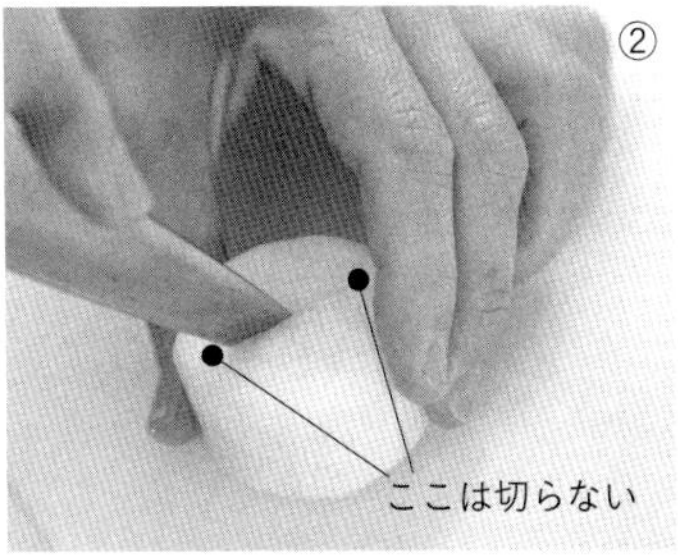


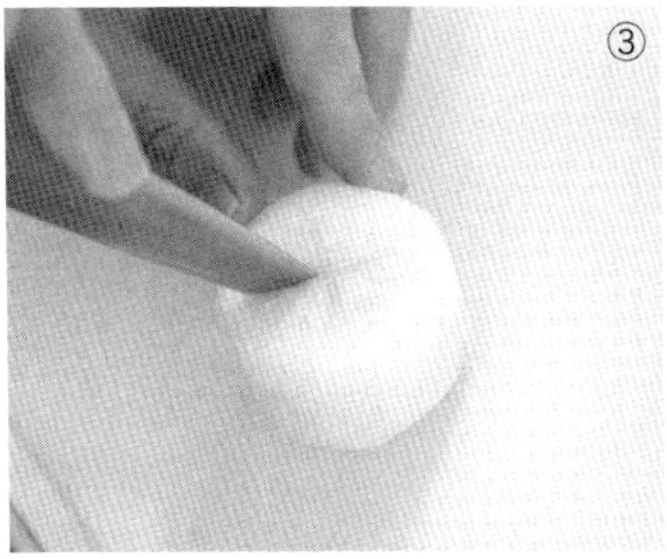

うに入れるので、「隠し包丁」と言います。ですから、切り込みを入れた面は、盛りつけるときは下にくるように盛りつけます。

### ●ふろふき大根の応用編、大根のバター焼き

「隠し包丁」は和食ならではの美学ですが、ここで簡単にできて、効率的な洋風の大根ステーキをご紹介しておきましょう。

まず、④大根はふろふき大根のさらに半分の厚さに切ります。そして、和食と違って隠す必要はありませんから⑤表と裏に鹿の子に細かく切れ目を入れます。厚さが半分になって、切れ目も多くなったことで、火の通りはだんぜん早くなります。まず鍋に大根を入れ、ひたひたのブイヨンと塩・こしょうを加えて煮ます。次にフライパンにバターを熱し、煮えた大根を、水分をとってから焼きます。鹿の子の切れ目からバターがしみ込んで、こんがりおいしく焼けます。

食材には繊維というものがあること、繊維を断つと早く火が通ること、煮るときの切り方と、焼くときの切り方が違うこと……基本がわかっていると、自在に料理が楽しめるようになります。

④
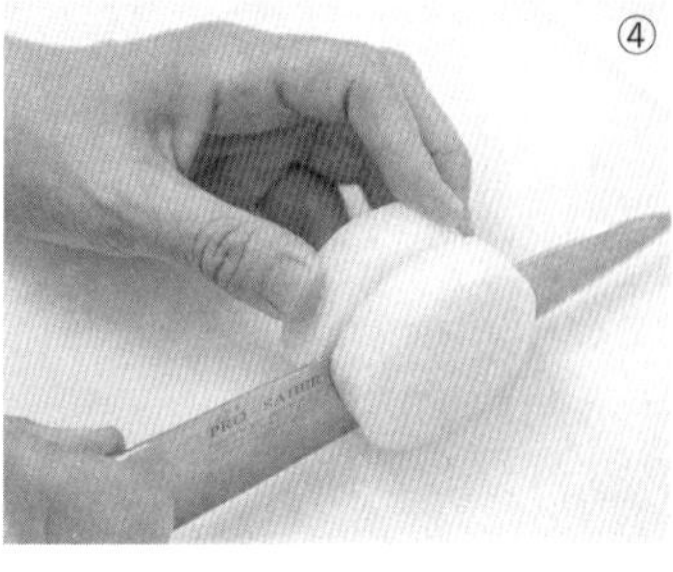

⑤
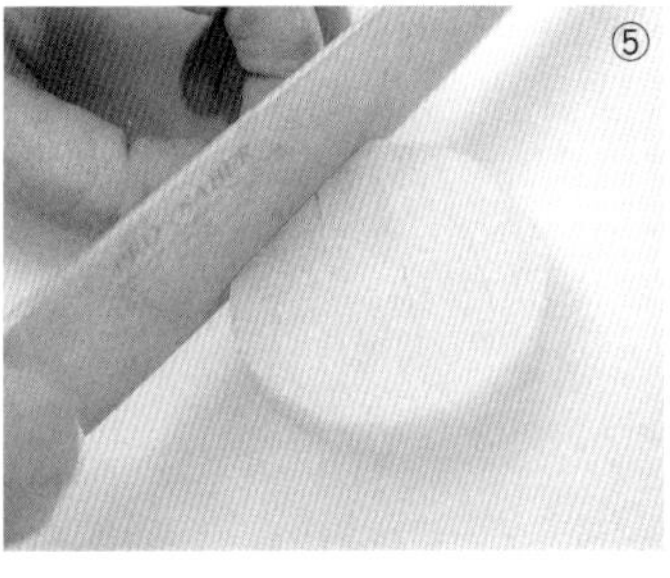

「切り方」がわかれば、
煮るなり
焼くなり
煮てから焼くなり
自由自在。

## ふろふき大根

◆材料（2人分）
大根　長さ6㎝
米　小さじ1
昆布（5㎝角）　1枚
だし　カップ2
たれ
　みそ　大さじ3
　だし・みりん・砂糖　各小さじ1
ゆずの皮　適宜

◆作り方
1 大根を半分の長さに切って皮をむいて面取りし、裏になる面の中央に$2/3$の深さまで十文字に切り込みを入れる
2 鍋に1と米、かぶるくらいの水を入れ火にかける。沸騰後、弱火にして20分煮る
3 別の鍋に、昆布、だし、2の大根を入れ、火にかける。沸騰後、弱火にして50分煮る
4 たれの材料を耐熱容器に入れて混ぜ、電子レンジ（600W）で40秒加熱する
5 3を盛りつけ、4をかけ、好みでゆずの皮をのせる

# かぶの炒め煮

## ●薄さと厚さを兼ねそなえたくし切り

かぶは、大根（すずしろ）のかげに隠れがちですが、「すずな」という別称で春の七草にも数えられ、古くから日本人に親しまれてきた野菜です。

白い実《み》の部分より葉のほうが、カロテンやビタミンが豊富で栄養価が高く、葉付きで売られていることが多いので、この葉を無駄にせずに食べたいものです。しかし、セロリと同じで(66ページ参照)、買ってきてから葉付きのまま保存しておくと、白い実の部分の栄養素はどんどん葉に吸い上げられてしまいますから、買ってすぐに食べない場合は、葉を切り離してください。

①このとき、茎を3㎝ほど実に残して落とすと、彩りがきれいに仕上がります。ピクルスにしてもスープにしても、緑と白のコントラ

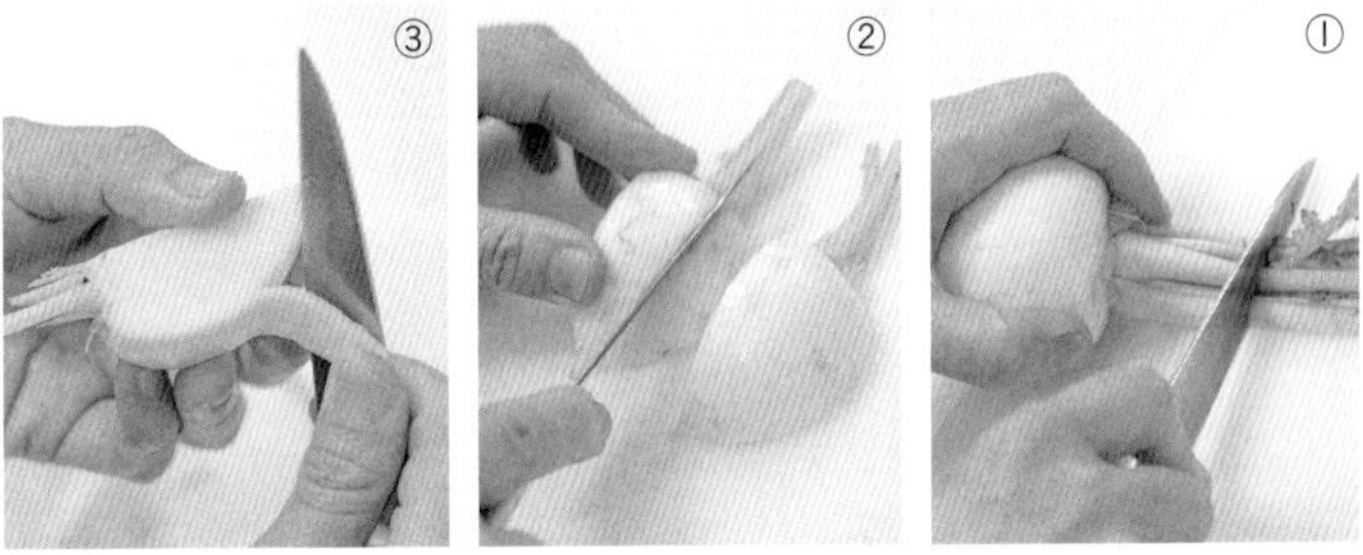

ストがきれいで、実と葉の食感の違いも楽しめます。

実《み》の切り方は、②放射状に切るくし切りです。炒めるには薄く、煮るためには厚く、が基本ですから、その中間のくし切りは適切な切り方なのです。

かぶは、一般的にはたまごより少し大きめのサイズが標準と言われていますが、大きさが一定ではありません。ですから、レシピに八等分と書いてあっても、小ぶりなら六等分、大きいかぶなら十等分に変えると良いでしょう。

くし形に切ってから、皮をむきます。③皮は大根と同じ理由で、厚めにむきます（110ページ参照）。茎の付け根部分に切り込みを入れて、筋に沿ってお尻からはがすようにむきます。④むき終えたらボウルに水をはって、茎の間の汚れを竹串でとり除いてから、炒めていきます。

## ●スーパーでかぶが安売りされているときは炒め煮で決まり！

みなさん、かぶは、みそ汁か漬物にすることが多いと思います。

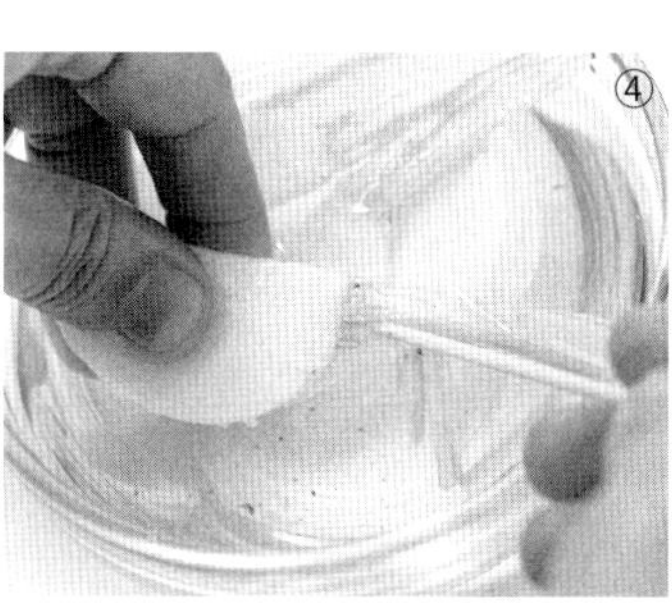


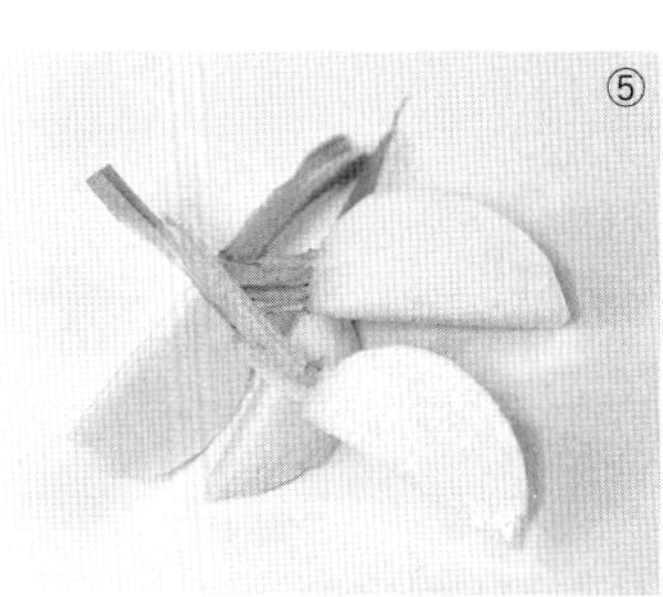

でも、かぶが八百屋さんやスーパーでお買い得な日は、大体数株まとめて売られていますから、炒め煮を知っておくと、お買い得なかぶを無駄にせず食べきることができます。かぶ以外の材料がいらないこと、冷蔵庫で保存して冷たくなってもおいしく食べられることも魅力です。

炒め煮は、炒めて油でコーティングすることで、素材の旨みを閉じ込め、さらに煮ることでふっくらと仕上げる、まさに、炒める良さと煮る良さを組み合わせた料理です。炒めることで煮る時間が短縮されるので、煮くずれにくく、油のコクと風味が加わることで、淡白な野菜でも、味わい深く仕あがります。

さて葉ですが、みそ汁などではざく切りにして実と一緒に煮れば良いですが、葉だけで手軽に食べるには、炒めるのが一番です。オリーブオイルで洋風に炒めるなら、塩・こしょうで好みの味に。ごま油で和風に炒めるなら、みりん、酒、しょうゆ、砂糖を1：1：1：1の割合で味付けすると、おいしく仕上がります。余談ですが、世界にさまざまな料理がありますが、和食ほど味付けが公式になりやすい料理はないのです。また、色をきれいに仕上げたいときはうす口しょうゆがおすすめです。

# 炒めるには薄く、
# 煮るには厚く切る。
# だから、
# 炒め煮は
# 「くし切り」にする。

## かぶの炒め煮

◆材料（2人分）

かぶ　2個
ごま油　大さじ1
だし　カップ1
A　みりん　大さじ1
　　酒　大さじ½
　　うす口しょうゆ　大さじ1

◆作り方

1　かぶは茎元を3㎝ほど残して、葉を落とす。縦八つにくし切りにする。ペティナイフで茎元に切り込みを入れて、お尻のほうから皮をむく
2　ボウルに水をはり、1の実を水に浸けて、竹串を使って茎元の汚れをとる
3　鍋にごま油を熱し、2を入れて強火で半透明になるまで炒める
4　しんなりしたら中火にしてだしを加え、2～3分煮たらAを加え、1～2分したら火を止める

# フライドポテト

## 細く切るか太く切るかで調理法は異なる

表面がカリッとして、中がふっくらしたフライドポテト。家族みんなが好きな味です。ところが、

・焦げてしまった
・全部くっついてしまった
・茶色い波模様が出てしまった

こんな失敗、経験したことはないですか？　子どものころよくフライドポテトを作ったので、小学生文代はすべて経験済みです。原因は油の温度や、調理法にも関連はありますが、これ全部、切り方で解決できます。解決法を簡単に言えば、

・焦げてしまった　↓　切る大きさや太さを適切にする
・全部くっついてしまった　↓　手早く切って水の中でふり洗いする
・茶色い波模様が出てしまった　↓　切ったあと水に10分さらす

フライドポテトには、さまざまな大きさや太さがあります。実際、ファーストフード店やレストランに行っても、その店によってポテトの形や太さがそれぞれ違います。フレンチフライというくらいで、フランスでは料理の付け合わせによくフライドポテトが出てきます。①切り方にもそれぞれ名前があります。

・②カルティエ　厚みのあるくし形　ソーセージなどと好相性
・③ヌフ　1cm角の棒状　表面はカリッとして中はほくほく
・④アリュメット　2～3mm角のマッチ棒状　スナック感覚
・パイユ　1mm角の極細　肉料理の付け合わせに

どう切るのが正しいか、答えはありません。大事なことは、細く切った場合と、太く切った場合とで、同じ調理法では同じようにおいしく仕上げることはできないということです。

「揚げる」という調理法は、瞬間的に表面を固めることで、中に素材の旨みを封じ込める調理法です。ですから、高温の油に素材を入れて、短時間で仕上げます。ポテトを細く切れば、この調理法で充分ですが、⑤太く切った場合、中まで火が通るには時間がかかり、

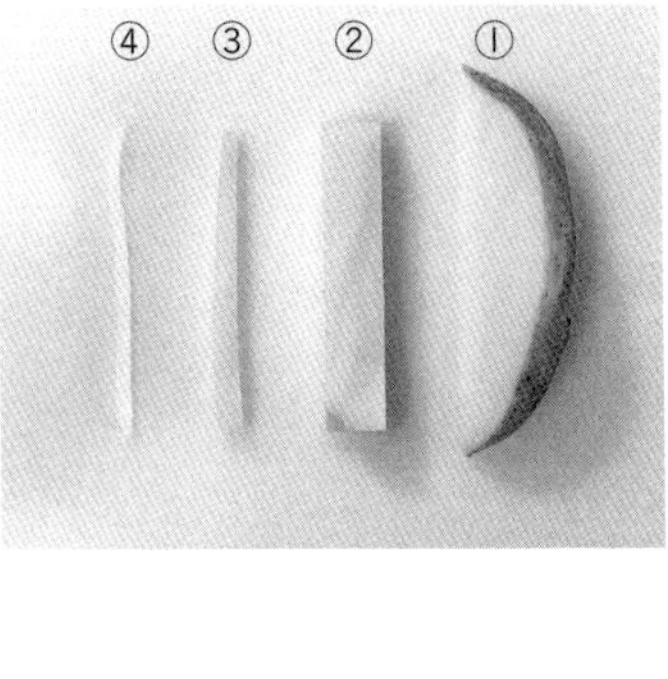


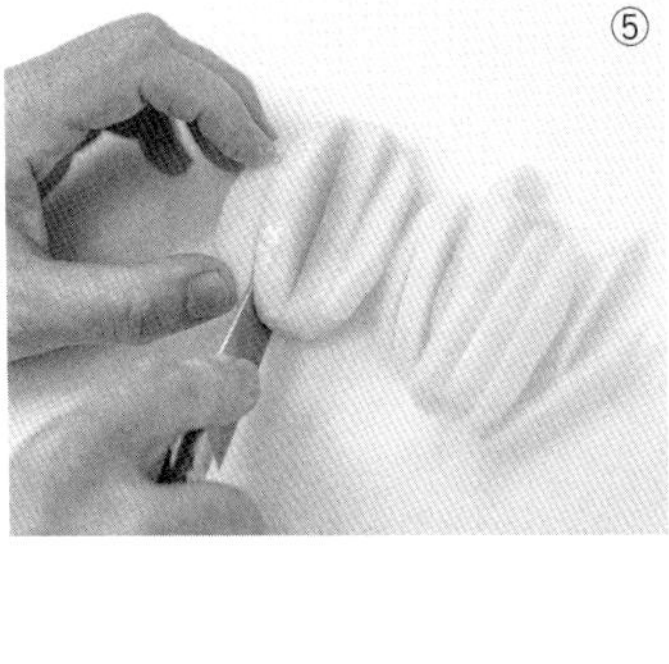

その間に、表面が焦げてしまいます。ですから、低い温度の油に入れて、じっくりと時間をかけて加熱し、一度とり出してから、高温でさっと二度揚げにします。これで中がふっくら、外がカリッとした食感ができあがります。1cm角のフライドポテト（ポンム・ヌフ）はこの作り方ですが、切ったじゃが芋をゆでてから揚げるという方法もあります。

### ●でんぷんのある野菜は水にさらす

なすやごぼうなど、アクが出る野菜は水にさらす必要がある、という話をしましたが、もうひとつ水にさらさなければならない野菜が、「でんぷん」のある野菜です。でんぷんのある野菜は、そのまま調理すると、でんぷんの働きによってくっつきます。また、できあがったときに出現する茶色の波模様も、でんぷんです。これを防ぐコツは簡単です。⑥たっぷりの水に10分さらしてください。なすのアク抜き（79ページ）と同じで、水が少ないととれませんし、10分以上さらすと栄養分が出てしまいます。

水にさらしたあとは、サラダスピナーやペーパーなどできっちり水をふきとってください。小学生文代は、このひと手間が面倒で省いたため、バチバチ油がはねてこわい思いをしました。

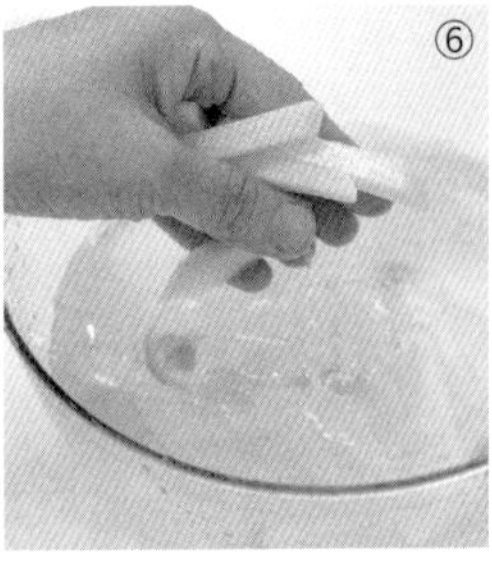

# 同じフライドポテトでも
# じゃが芋を
# 細く切るか
# 太く切るかで
# 調理法が異なる。

## フライドポテト(ポンム・ヌフ)

◆材料（2人分）
じゃが芋　2個
塩　適量
サラダ油　適量

◆作り方
1　じゃが芋は1㎝ほどの棒状に切り、10分水にさらす
2　フライパンに1㎝の深さまで油を入れ160℃に熱し、よく水けをとった1を油に入れ、中火にかける。3～4分火を通して中まで火が通ればざるにあげて2～3分おく
3　2のフライパンを200℃に熱してじゃが芋を戻し、強火で二度揚げにする。表面がカリッとしたら、ざるの上にとり出して油をきり、塩をまぶす

# えびフライ

## ●まっすぐのえびは筋を切って繊維に切り込みを入れる

「えび」と言われると、どんな姿を思い浮かべますか？　くるんと丸まった姿でしょうか。でも、「えびフライ」「えびの天ぷら」と言われると、まっすぐのえびを想像しませんか？　えびをまっすぐ美しい姿に調理するのも、切り方次第で可能なのです。

えびには有頭、無頭、殻付き、殻なしとあります。まず①背わたをとりますが、有頭の場合は、頭と胴をそれぞれの手で持ち、ねじるようにしてひっぱると、一緒に背わたもとれることがあります。とれなかった場合や、無頭の場合は、②頭から二つ目の節に竹串を通し、すくうようにして指で押さえて前後にゆっくり引っぱって、背わたをぬきとります。

背わたがとれたら、③尻尾のとなりの節《ふし》だけ残して殻をむきます。

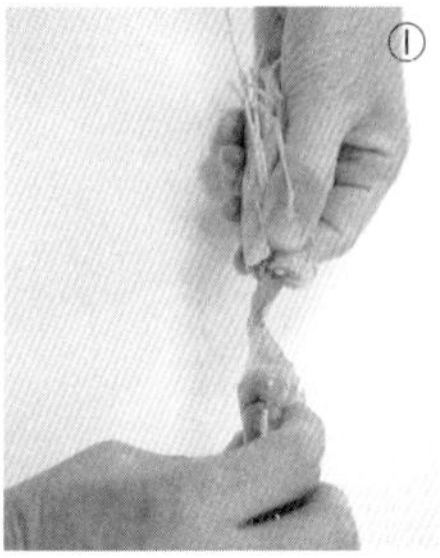
①

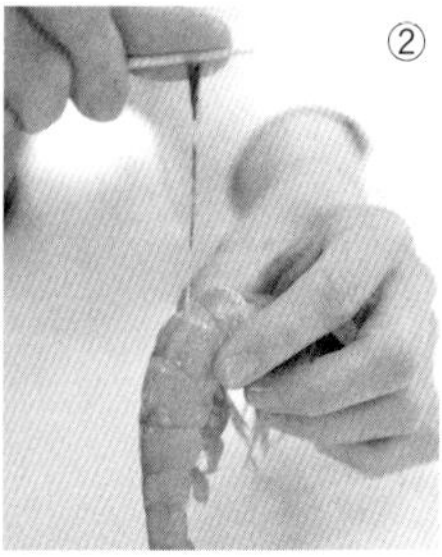
②

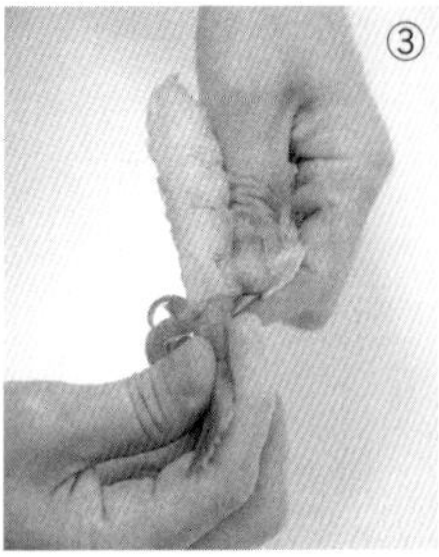
③

次に尻尾です。尻尾の先には、水がたまっていて、ここを残しておくと、揚げるときの油はねの原因になるので、④キッチンばさみで切り落とします。斜めに切ると、かっこよくなります。

そして、⑤腹を上に向けてまな板に置き、包丁を使って、数か所切り込みを入れます。

腹に数か所半分の深さまで切り込みを入れたら、⑥背を上にしてまな板の上に置き、親指と人差指で切り込みを入れた周囲をつかむようにして、左右にひっぱり、筋を切ります。「ぷちっ」と切れる感覚がするまで、こわがらずにひっぱってください。

これまで繊維の話をいろいろしてきましたが、繊維にはもうひとつ、加熱すると収縮するという特徴があります。ですから、肉も魚も野菜も、加熱するとひと回り小さくなります。そして、それに従って「反る」という特徴があります。ですから、そうならないよう、あらかじめ切り込みを入れておくと、まっすぐなまま仕上げることができるのです。

この方法は、えびフライだけでなく、えびの天ぷらでも同じよう

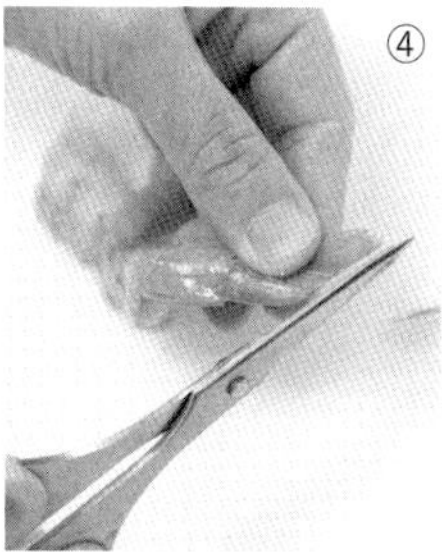


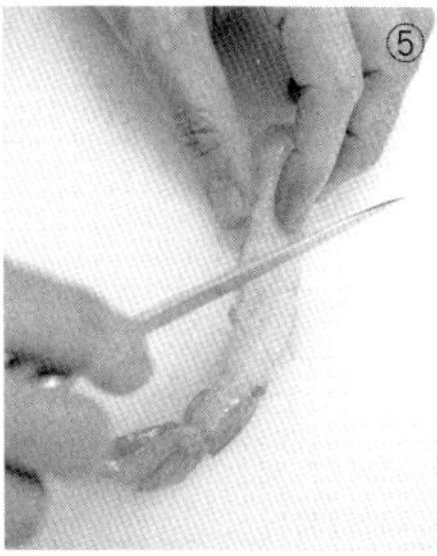


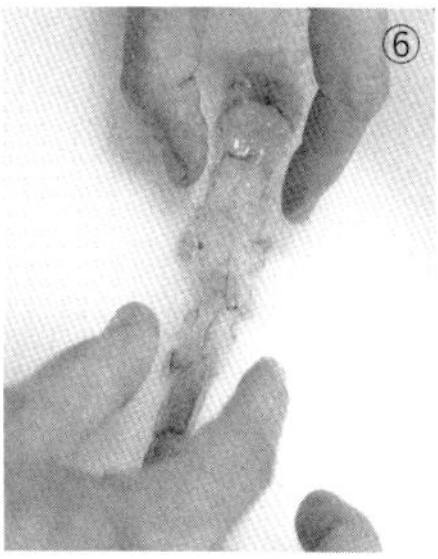

に応用できます。

## 丸まっても良いえびは背なかに一本切り込みを入れる

では、他のえび料理はどうかと言うと、有名なえび料理にえびのチリソースがあります。えびチリという名前で家庭でも親しまれていますが、この場合のえびは、背中に沿って一本切り込みを入れます。できあがりは、くるりと丸まりますが、味がよくしみておいしくできあがります。

ちなみに、現在のえびチリは、日本の家庭になじむように考案された料理で、もとは乾焼蝦仁《カンシャオシャーレン》という中国の四川料理です。味付けは、豆板醤がメインの辛みのあるソースで、えびは殻ごと調理して、殻にたまったソースとえびのエキスをすすりながら食べます。日本の家庭料理にそれは向かないので、味もマイルドに、豆板醤からトマトケチャップに、食べやすいように、殻付き有頭えびは殻なし無頭えびで背中に切り込みを入れて味をしみ込ませるスタイルになりました。

えびは、
そのまま加熱すると
繊維や筋が収縮して丸まる。
それを防ぐため、
繊維や筋を切って伸ばす。

## えびフライ

◆材料（2人分）
えび（殻つき）　6尾
塩・こしょう　少々
小麦粉、溶き卵、パン粉、サラダ油　適量
タルタルソース　適宜

◆作り方
1　えびは竹串を刺して背わたを除き、尾と尾のとなりの節を残して殻をむく。
2　水けを拭いて、尾の先を斜めに切り落とし、包丁の先で尾の中の水けをしごき出す。えびの腹側に半分の深さまで4～5本切り込みを入れる
3　えびに塩・こしょう小麦粉をまぶして余分な粉を落とす
4　ボウルに溶き卵、バットにパン粉を入れ、3を溶き卵、パン粉の順にまぶして、軽く押さえる
5　フライパンに2㎝ぐらいの深さまで油を入れ、180℃に熱する。4を入れ、1～2分揚げ、一度とり出して2～3分したら再度200℃で小麦色に揚げ、表面がカリッとしたらペーパーにとり出して油をきる。タルタルソースを添える

# 香味野菜の切り方

切り方を間違えると、焦げたり強烈な味になってしまったり、料理を台無しにしてしまいかねないのが香味野菜。代表的なねぎ、しょうが、にんにくの扱い方をご紹介します

## ◆ねぎ

**小口切り**
みそ汁やそばの薬味に。繊維に直角に切るので香りが出る

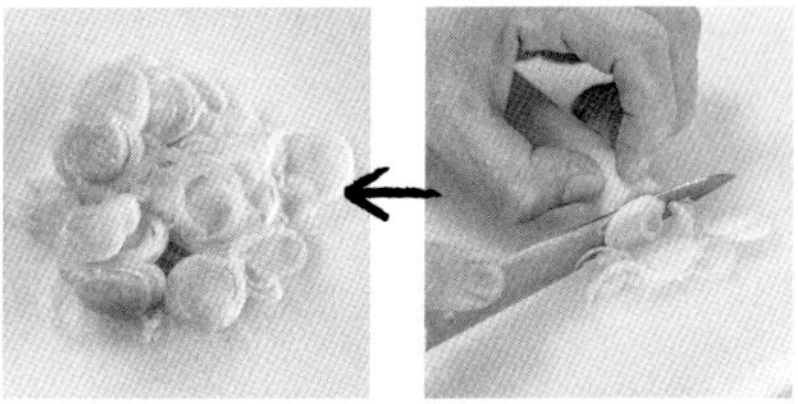

**せん切り**
中心をとり除き、繊維に沿って切る。あしらいに適したシャキッとした食感

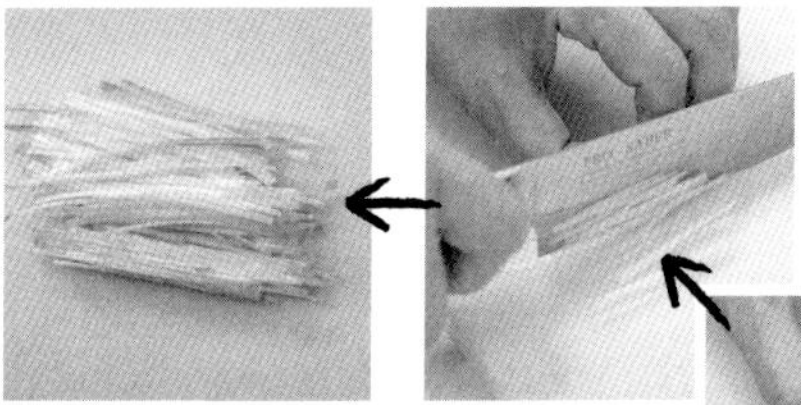

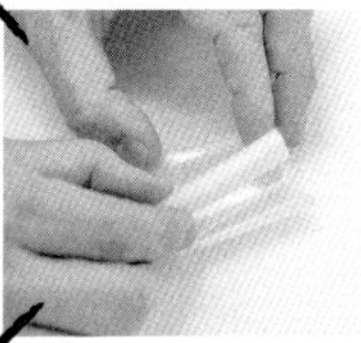

**白髪ねぎ**
中心をとり除き、繊維に直角に切り、水にさらしてふんわりさせる

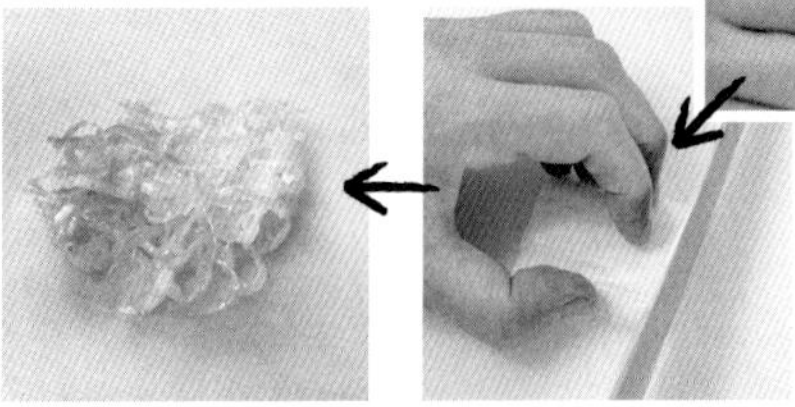

**みじん切り**
繊維に沿って切り込みを入れてから繊維に直角に切る。香りや旨みが出やすい

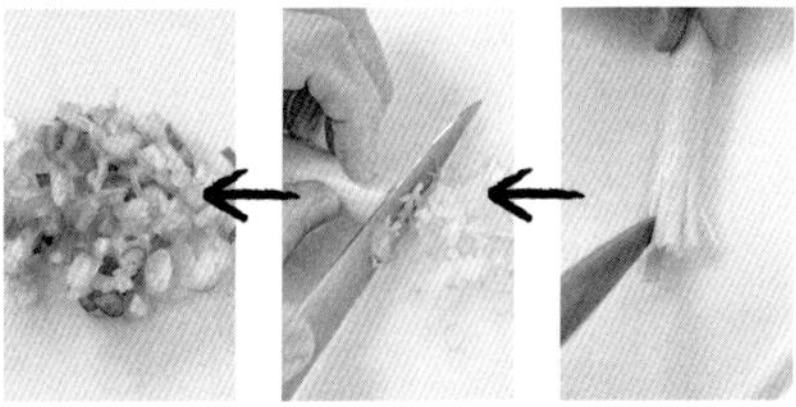

（151ページ参照）

## ◆しょうが　皮はむかず、よく洗って、包丁で表面をこするようにこそげる

**薄切り（スライス）**

魚などの臭みとりなら繊維に直角に、せん切りにするなら繊維に沿って切る

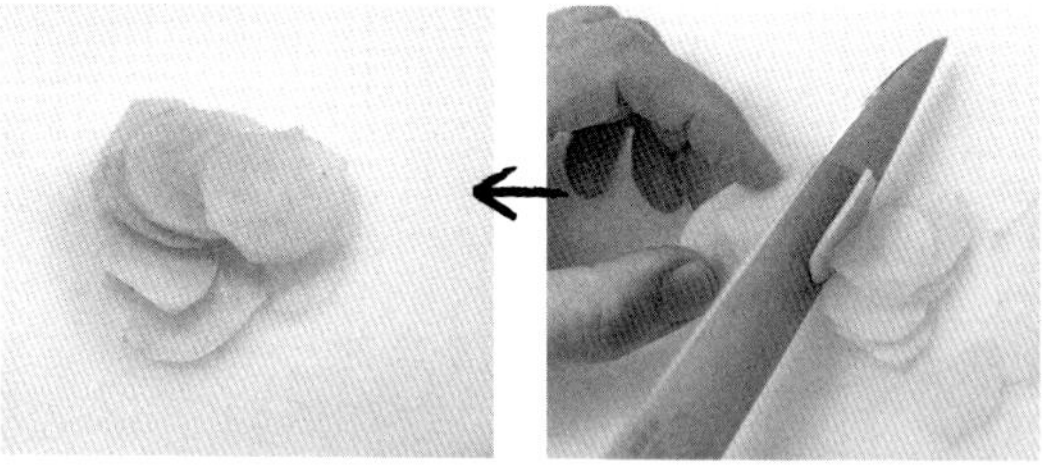

**せん切り**

繊維に沿って切った薄切りを重ねて細く切る。辛みが出すぎずあしらいに良い

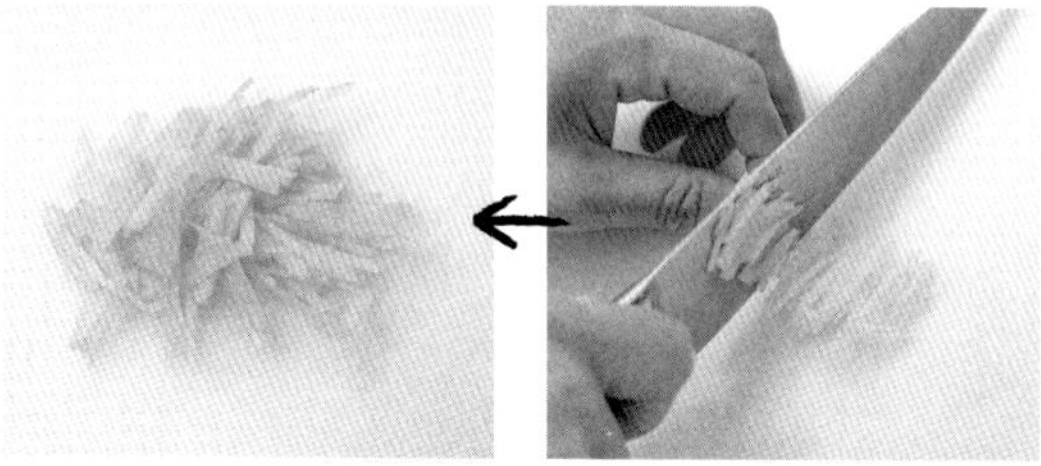

**みじん切り**

せん切りを束ねて向きを変えて細かく切る。炒め物の香り付けなどに

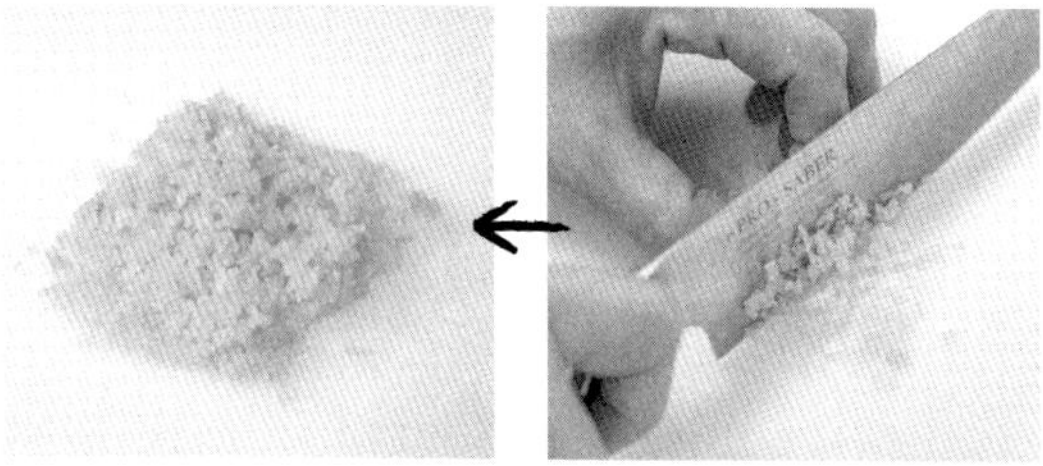

**すりおろす**

繊維の食感をなくしたいときは絞り汁を使う。繊維に直角におろし器に当てる

## ◆にんにく　へたすれすれに包丁を入れて、へたごと皮をむく

**薄切り（スライス）**
縦半分にして中心の芯をとり出し、繊維を断ち切るように薄く切る

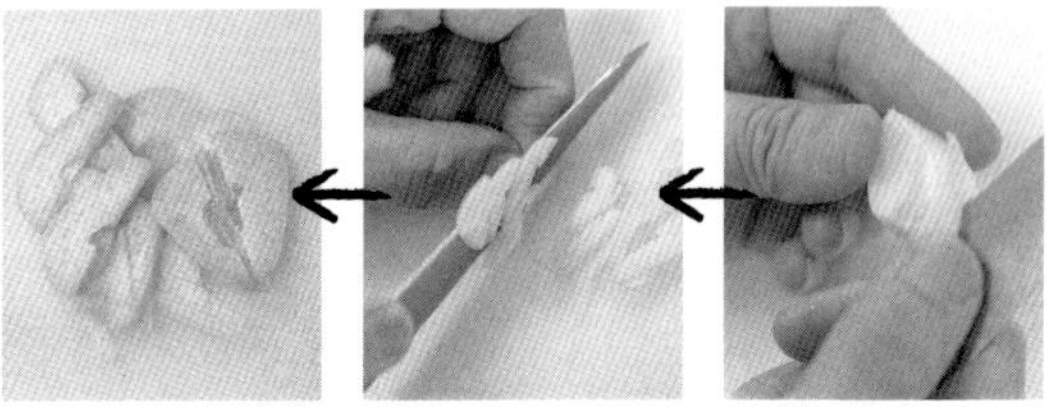

**みじん切り**
縦半分にして芯をとり出し縦横に細く切り込みを入れ、向きを変え、細かく切る

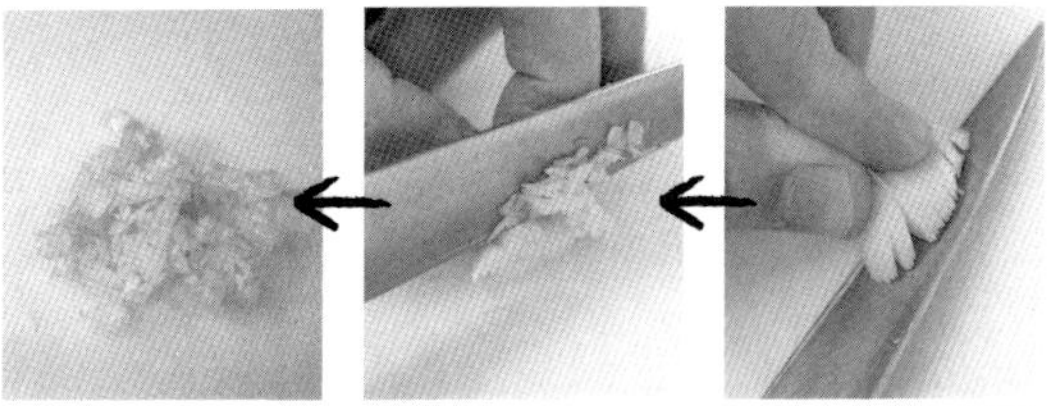

（151ページ参照）

**すりおろす**
薬味として使うときなど。繊維に直角に当たるようにおろし器に当ててすりおろす

**つぶす**
料理の香りづけに使いたいときに。あとでとり出せる。まな板などの下でつぶす

第四章

# 複数の素材で作る料理

ここまでひとつの素材で作る料理を見てきましたが、家庭料理は、いくつかの素材を組み合わせて作るのが一般的です。

家庭で親しまれている10皿を、おいしくするための「切り方」をご紹介しましょう。

# 大根とセロリのサラダ

水分をぬいて
しなっとさせるサラダは
繊維に沿った
短冊切り

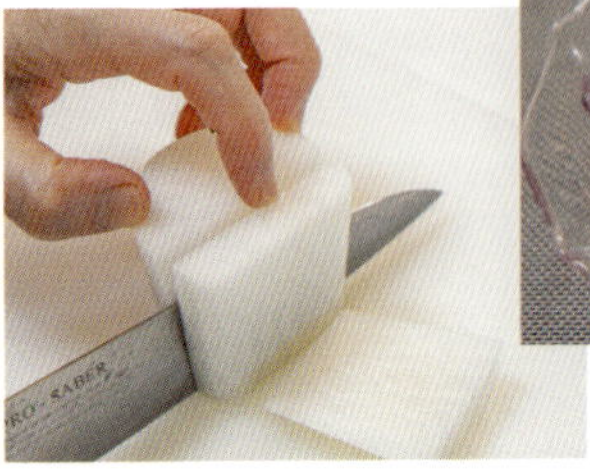

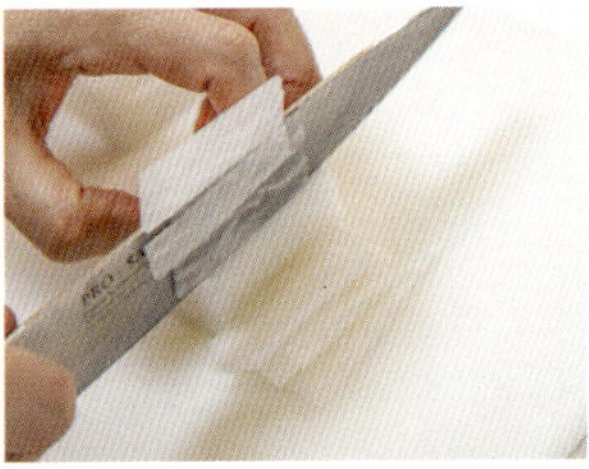

大根とセロリのサラダ

◆材料（2人分）
大根　5㎝
セロリ　10㎝
大葉　2〜3枚
塩　少々
梅肉だれ
─みりん　小さじ1
─梅肉　小さじ1

## 香りづけの野菜は繊維を断つように切るとより香りが出る

◆作り方

1　大根とセロリを短冊に切り、ボウルに入れて塩をしてしんなりさせる

サラダには大きく二種類があります。シャキッとさせるサラダと、しなっとさせるサラダです。

シャキッとさせるサラダは切ったあと水に浸けてパリッとさせて、水分をしっかりきって、オリーブオイルと塩・こしょう、またはドレッシングでいただきます。しなっとさせるサラダは、切ったあと塩でもみ、水分を出したところで絞って、マヨネーズや梅肉、三杯酢などとあえていただく、いわゆるあえ物です。

みなさんは、すでにシャキッとさせたい場合は、繊維に沿って切れば良い、ということはおわかりだと思います。では、しなっとさせる場合は、どうでしょう？　その逆に、繊維を断って切ったほうが、水分が出て良いだろうと思うかもしれません。

あえ物の定番の切り方は短冊切りですが、短冊切りは、繊維に沿った切り方です。

なぜあえ物を短冊切りにするか、理由は単純で、しなっとさせつつ、歯ごたえを残したいから。大根にしろセロリにしろ、繊維を断つように切って、塩をして絞ると、水分がすっかり出てへにょへにょ

2
大葉は重ねてロール状に丸め細切りにする。水をはったボウルに入れ、水にさらしてアクをぬく

になってしまうからです。

短冊切りは、七夕の短冊のような形から付いた名前です。５㎝の長さの大根を、まず１㎝の幅の板状に切り、さらにそれを端から２㎜ほどの厚さに切っていきます。どちらも繊維に沿った切り方です。

２種類以上の素材を混ぜるとき、できるだけ同じ大きさに切ります。セロリも、大根と同じ大きさになるように、端から２㎜ほどの厚さに切っていきます。塩をすれば水分が出て、絞るとしなっとしますが、繊維が残っているので、歯ごたえはしっかり感じられます。

香りづけの大葉は、２～３枚重ねて丸めて、端から細切りにします。こうすると繊維に直角に切れるので、香りがしっかりと出ます。アクがあるので水に放ってから使います。

3　みりんは電子レンジ600Wで20秒加熱し、梅肉と混ぜる
4　1・2の水けをそれぞれ絞り、1に2を入れ、3であえる

# きゅうりとたこのあえ物

きゅうりの存在感を残して
一番味がしみる切り方

きゅうりと
たこのあえ物

◆材料（2人分）
きゅうり　1本
ゆでだこ（足）　2本
三杯酢
　酢　大さじ1
　みりん　大さじ1
　しょうゆ　大さじ½

生
焼く
炒める
ゆでる
煮る
揚げる
サラダ
炒め物
煮物
スープ

食感の異なる素材を
組み合わせるときは、
硬くて味の濃いほうを薄く切る

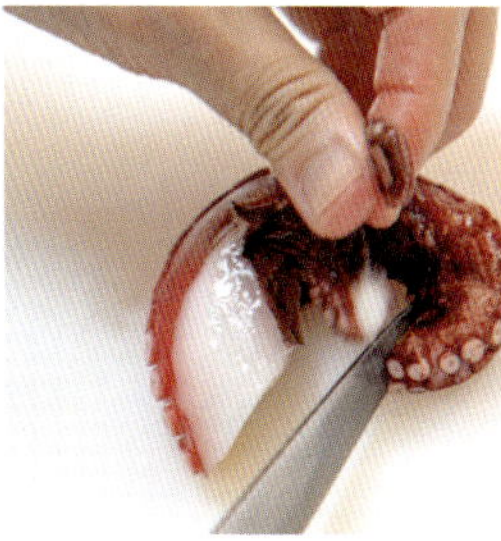

◆作り方

1　きゅうりは洗って、包丁の背で左右にすべらせるようにして表面のいぼをとる

きゅうりはそのまま食べようとすれば青臭く、皮も硬いので味もしみません。包丁の背を使って表面のいぼいぼをとる、所どころ皮をむく、表面に数か所切り込みを入れるなど、きゅうりをおいしく食べるコツはいろいろありますが、今回は立て塩で青臭さをとり除き、細かく切り込みを入れて味をしみ込ませます。ある程度大きめで一番味がしみ込む切り方は、この蛇腹切りです。蛇腹は、切り方に限った言葉ではありません。細かくひだが入っているものなら、アコーディオンでも、掃除機のホースでも蛇腹と呼びます。見たとおり、蛇のお腹の模様に似ていることから付いた名前で、きゅうりの場合、切り落とさずに両面から斜めに薄く無数に切り込みを入れる切り方です。細かい切り込みの間からしっかり味がしみ込みます。

下まで切り落とさないように、しかも薄く切るのはなかなか難しいですが、慣れないうちは、一膳の割り箸を割って、きゅうりの両脇に置き、割り箸をストッパーにして切るとうまくいきます。

両面に切り込みを入れて蛇腹に切れたら、1・5cmほどの幅で切

2 両端を切り落として洗い、細かい切り込みを入れ、裏側を上にしてさらに切り込みを入れる

3 1・5cmほどの幅に切り、立て塩に漬けて軽く洗って水けを絞る

り落とし、これを立て塩に浸けます。立て塩とは、和食の言葉で、海水と同じ濃度の塩水に浸けることです。魚介の下ごしらえや、素材にまんべんなく塩みを付ける場合などに使います。海水と同じ濃度の塩水とは、約3％。カップ1の水なら、大体小さじ1の塩です。

たこの足の先は見た目や食感が悪いので、切り落とします。きゅうりとたこは相性が良い組み合わせですが、硬さも食感も異なります。そういった素材を組み合わせる場合は、大きさはそろえて、硬いほうの素材を薄く切ります。きゅうりの太さと、たこの足の太さは違いますので、同じように輪切りにしても同じ大きさにはなりません。そこで、たこは斜めにそぎ切りにして、大きさを出しながら、薄く切っていきます。このとき包丁を波々に動かして、たこの表面にギザギザ模様をつけます。これを「小波切り」または「さざ波切り」と言い、味がしみやすく箸でつまみやすい切り方です。

こうすることで、二つの素材のバランスがとれ、口に入ったときの食感も心地良くなります。

4　たこは足の先を切り落とし、足の付け根から厚さ2㎜ほどに包丁を波々に動かしながらそぎ切りにする

5　材料を混ぜて三杯酢を作り、ボウルに入れた3と4にかけ、あえる

# ポテトサラダ

ある程度食感を残すため、きゅうりは輪切り、玉ねぎは繊維に沿って薄切りにする

ポテトサラダ

◆材料（2人分）
じゃが芋　1個
きゅうり　1/2本
玉ねぎ　1/4個
にんじん　1/3本
塩　適量
マヨネーズ　大さじ2
こしょう　適量

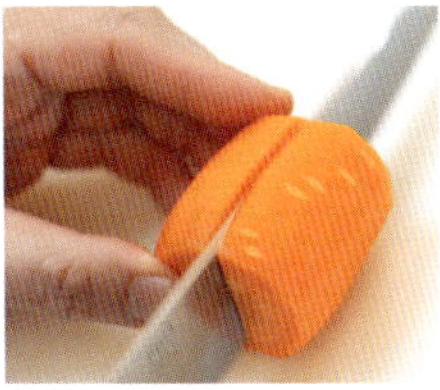

輪切りのきゅうりと
大きさをそろえるためには、
にんじんは、円を四等分にした
いちょう切り

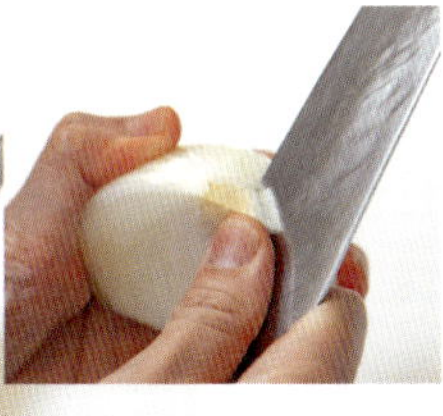

◆作り方

1　じゃが芋は洗ってまるのままラップをかけ、電子レンジ６００Ｗで約３分加熱する

2　きゅうりは洗っていぼをとり、両端を切り落として輪切りにし、塩をして５分おき水けを絞る

今や家庭でも、居酒屋でも人気のポテトサラダ。じゃが芋、きゅうり、にんじん、玉ねぎの四種類の野菜を使いますが、すべての素材の扱いが異なり、実は難易度の高い料理です。

同じじゃが芋でも、男爵、メークイン、きたあかりぐらいは、名前と特徴を覚えておいたほうが、何かと役立ちます。ポテトサラダに向いているのは、男爵やきたあかりのようなほくほくした品種です。逆にメークインのようにくずれにくく粘りがあるものは、ポトフやシチューなどに向いています。じゃが芋は皮をつけたままゆでたほうが栄養がぬけないと言われていますが、ゆでるのに時間がかかるので、まるのままラップをかけて電子レンジで調理すると効率的です。加熱後は熱いうちに手早く皮をむき、ラップに包んで手でつぶします。

きゅうりは、塩をして絞りますが、きゅうりのような中がやわらかい野菜は、短冊切りにするとへにゃへにゃになるため、厚さ2㎜の輪切りにします。繊維を断つので、水分はそれなりに出ますが、切ったどの一枚にも硬い皮が周りに付いているので、それなりに食

3 にんじんは洗って皮をむき、厚さ2㎜のいちょう切りにし、電子レンジ600Wで1分10秒加熱する

4 玉ねぎは皮をむき、芯とへたをとり除き繊維に沿って薄切りにして塩をする。ポリ袋に入れてもむ。ぬめりを洗い、ペーパーで包んで絞り水けをとっておく

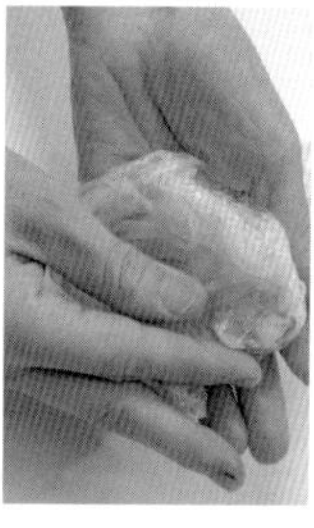

感が残ります。

にんじんのように、きゅうりより太い素材は、きゅうりと同じように輪切りにしても同じ大きさにはならないので、輪切りを四等分したいちょう切りにします。縦二つに切ったら、真ん中に切れ目を入れて、そのまま２㎜の厚さに切っていきます。切ってから、電子レンジで加熱します。

玉ねぎは、皮をむいて芯を落とし、繊維に沿って薄く切ります。繊維に沿って切るので、シャキッとした食感が残ります。塩をしてもむことで、水分と一緒に辛みが出てくれますが、そのままだと塩みがしっかり付いてしまっているので、水で洗い、水けをしっかりきるため、ペーパーで包んで絞っておきます。辛みが苦手な方は、繊維に直角に切って水にさらします。もむとボロボロになるのでもみません。水けをとるときは、ペーパーで押さえます。

手間はかかりますが、こうすることで、きゅうり、にんじん、玉ねぎの絶妙なバランスのポテトサラダができあがります。

5　じゃが芋は熱いうちに皮をむき、ラップで包んで手でつぶし、粗熱をとる

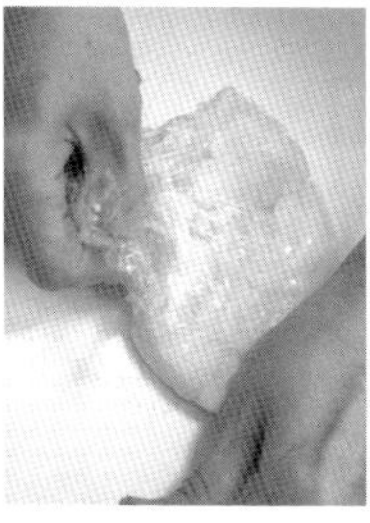

6　5をボウルに入れ、234とマヨネーズ、こしょうを入れ混ぜる

# きんぴらごぼう

## きんぴらごぼう

◆材料（2人分）

- ごぼう　½本
- にんじん　¼本
- ごま油　大さじ1
- A
  - しょうゆ　大さじ1
  - みりん　大さじ½
  - 砂糖　大さじ½
  - 酒　大さじ½
- 赤唐辛子（輪切り）　適量

水分を出さずに、
早く火を通すためには、
繊維に沿って、
できるだけ薄く切る

◆作り方

1　ごぼうはよく洗い、ピーラーでささがきにし、水をはったボウルに入れて5分ほど置いて、アクをぬく

2　にんじんは洗ってピーラーで皮をむき、ピーラーでささがきにする

炒め物の切り方は、「繊維に沿って薄く」が基本です。炒めたときに形がくずれないように、繊維に沿って切る、また、短時間で火が通るように、薄く切る、ということです。

小学生文代が食べていた母の作ったきんぴらごぼうは太めでした。ごぼうもにんじんも、包丁で5㎜角の棒状に切ったものです。歯ごたえもあって、ごぼうやにんじんの素材の味も感じられて、おいしいきんぴらごぼうでした。ただ、太いと火が通るのに時間がかかります。母の手伝いをしていた小学生文代は、炒め続けるのがこわくなり、水を入れて煮ました。そのとき、母に言われたのが、「きんぴらごぼうは煮物じゃないのよ」というひと言。今なら火力を弱めてじっくり時間をかけて炒めれば良い、ということがわかります。

辻調に入って習ったきんぴらごぼうは薄いささがきでした。仕上がりはふわふわで、「こんなきんぴらごぼう見たことない！　プロの世界はやっぱり違うんだなあ」と感動しました。どんなに薄くしても、繊維に沿って切っているので、へにゃへにゃになることはありません。また、薄く切ることで、味がよくしみて、より繊細な歯

3　ごぼうとにんじんはサラダスピナー（水きり器）で水をきるか、ペーパーで水分をふきとっておく

4　フライパンにごま油を熱し3を入れて、強火でよく炒める

ごたえとなり、素材の味というよりは風味を楽しむ、全体的に上品で、洗練された仕上がりになります。

家庭で作るきんぴらごぼうは、太くても良いのです。でも、もしプロの料理人が作るような、洗練されたきんぴらごぼうを作りたいなら、ピーラーを使うことをおすすめします。包丁でささがきにするよりも簡単で早く、均一にできます。ささがきにするときは、ごぼうを回転させながらえんぴつを削るように薄くそぎます。

ごぼうは、たとえあとから炒めるのであっても、やはり水にさらさないと、切ったそばから黒くなります。ボウルにたっぷりと水をはって5分ほど浸けます。

包丁でせん切りにする場合は、５㎝ほどの長さに切り、繊維と平行に薄切りにしてから、端から線のように細く切っていきます。でも、もしご家族にやわらかい食感が好みの方がいた場合、斜めの輪切りにしてからせん切りすれば、繊維がある程度断たれるので、食べやすくなります。

5　Aと唐辛子を加えて、水分がなくなるまで炒める

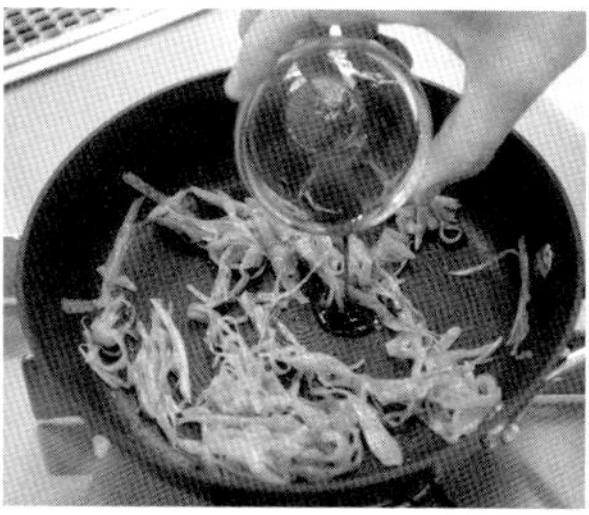

# チンジャオニューロースー

繊維に沿って
長さも太さも、
三つの素材が
均等に仕あがるように切る

チンジャオニューロースー

◆材料（2人分）
- 牛もも肉　100g
- ピーマン　1個
- 竹の子（水煮）　50g
- 香味野菜
  - ねぎ　5㎝
  - しょうが　½かけ
  - にんにく　½かけ
- 片栗粉　適量
- ごま油　大さじ1
- 合わせ調味料
  - オイスターソース　大さじ½
  - 酒　大さじ½
  - しょうゆ　小さじ1
  - 砂糖　小さじ½
- 塩・こしょう　適量

◆作り方

1 牛肉はできるだけ繊維に沿って幅4㎜の細切りにする。塩・こしょうをして、片栗粉をまぶしてもみ込んでおく

2 ピーマンは、へたと種とわたをとって、繊維に沿って3㎜の細切りにする

日本では、ピーマン、竹の子、牛肉を細切りにして炒めた料理を「青椒肉絲《チンジャオロースー》」と言いますが、本場の中国では、通常牛肉ではなく豚肉を使います。牛肉を使うと「青椒牛肉絲《チンジャオニューロースー》」と言います。さて、青椒牛肉絲ですが、この三つの素材を長さも太さも均等に仕あがるように切ることが最大のポイントです。

炒め物でも煮物でも、同じ大きさにそろえて切るというのは、とても大事なことです。同じ中華料理で極端な例を挙げるなら、チャーハンです。チャーハンは、ご飯、ねぎ、チャーシューなどを炒めた料理ですが、ねぎもチャーシューも、米粒大に切ることが基本です。同じ大きさでないと、ご飯を炒めている間に他の材料が炒まらないからです。

香味野菜のしょうがやにんにくを入れる場合、これらは例外で、油の中で香りがよく出るように、みじん切りにします。

青椒牛肉絲も同じです。すべての素材を繊維に沿って、幅3～4㎜の細切りにします。繊維に沿って切るのは、炒めるときに水分を出にくくすること、素材がバラバラになるのを防ぐためです。牛肉

3 竹の子は繊維に沿って幅3㎜の細切りにする

4 香味野菜をみじん切りにする（126ページ参照）

5 フライパンにごま油を中火で熱し、4を炒め香りを出す

は炒めると繊維の性質から縮むので、その分を計算して少し太めに切ります。

ピーマンは、生で食べる場合は、繊維に直角に切るのがおすすめです。繊維を断つので食感がやわらかくなり、苦みや青臭さも外に出るので、食べやすくなります。ですが、この苦みの成分こそ、ピーマンの大事な栄養素なので、繊維に沿って切ったほうが、栄養を逃がさず食べることができます。炒めてもシャキシャキ感が残りますし、加熱することで甘みが引き出されるので、独特の香りもやわらいでおいしく食べられます。

ピーマンを細切りにするとき縦に二つ割りにして、へたごと種をはずし、外側を上に向けて置きます。このとき、お尻のほうに、数本短く切り込みを入れて、上から一度手で軽く押さえておくと、スムーズに切れます。ただ、すべるのがこわい方は皮目の外側を下にして切ればすべりません。半分に切ったトマトや、皮の付いた鶏肉を切るときと同じです。

6　1を入れて強火で炒め、色が変わったら、2、3の順に加えて炒める

7　合わせ調味料を加えて手早く炒め、塩・こしょうで味を調える

# ホイコーロー

火の通りに差がある場合、
同じ大きさに切っても火が通りにくい材料に
先に火を通しておく

## ホイコーロー

◆材料（2人分）

豚ばら肉　150g
キャベツ　3～4枚
香味野菜
　ねぎ　5cm
　しょうが　$\frac{1}{2}$かけ
　にんにく　$\frac{1}{2}$かけ
片栗粉　適量
ごま油　大さじ1
合わせ調味料
　甜麺醤　大さじ1
　豆板醤　小さじ$\frac{1}{2}$
　しょうゆ　大さじ$\frac{1}{2}$
　酒　大さじ$\frac{1}{2}$
塩・こしょう　適量

油で炒める香味野菜は、
つぶすと水が出てしまうので
包丁を手前にスライドさせてスパッと切る

◆作り方

1　豚肉は厚さ3㎜のひと口大に切り、塩・こしょうをし、片栗粉をまぶして沸騰した湯に入れ、火を止めてしっとりとゆでる

「回鍋肉《ホイコーロー》」は、豚肉とキャベツを炒めて甘みそで味付けした料理です。「回鍋」とは、フライパンを回すという意味ではなく、「一度調理したものを再び鍋に戻す」という意味です。

キャベツは、もともと生でも食べますし、厚みはないので火が通りやすいですが、一緒に炒める豚肉は、キャベツと同じ炒め方では火が通りません。本来は、豚肉は塊のままあらかじめ1〜2時間下ゆでして全体に火を通してから、キャベツと同じ大きさに切ります。このように一度調理してから、再びキャベツとともに炒めることから、「回鍋肉」という名前が付いています。塊のまま豚肉をゆでるのは家庭では手間なので、今回のレシピはひと口大に切る方法にしました。

キャベツは豚肉に合わせてひと口大に四角く切ります。このように厚みのない素材を四角く切る場合は、どちらから切っても同じ結果になるので、繊維の方向に悩む必要はありません。

豚肉は赤身と脂身が両方入るように、繊維に対して直角に切ります。切ったあとは、塩・こしょうをして、片栗粉をまぶします。片

2　キャベツは1の豚肉と同じくらいの大きさのひと口大に切る

3　香味野菜をみじん切りにする（126ページ参照）

4　フライパンにごま油を熱し、3を炒め、香りが出たら1を入れて焼くように炒める

5　4に2を加え、さらに炒める

栗粉をまぶす意味はいくつかあります。肉がやわらかくなること、炒めたときに味がのりやすくなること、しっとりと火が通ることなどです。また片栗粉をまぶしてから下ゆでしますが、下ゆですることで、炒めたときに肉どうしがはりつきにくくなります。

香味野菜はつぶさないようにみじん切りにします。すりおろしにすると、油に入れたときに水分がはねたりぶくぶくと泡ばかり出て香りが出ません。

似たような手順を踏む料理に、酢豚があります。酢豚も、野菜と同じように豚を煮ても火が通りません。そこで、野菜はさっと油通ししますが、豚肉は片栗粉をまぶして、下揚げしておきます。「酢豚」というくらいで、豚が主役なので小さく切りません。火通りに時間がかかるなら、あらかじめ火を通しておく、これも大事なポイントです。

6 しんなりしたら、合わせ調味料を入れてさらに炒め、塩・こしょうで味を調える

# 筑前煮

## 筑前煮

◆材料（2人分）

- ごぼう　1/3本
- にんじん　1/2本
- 竹の子(水煮)　1/4本
- エリンギ　1本
- 鶏もも肉　100g
- しょうが　少々
- オクラ　2本
- ごま油　小さじ1
- だし汁　カップ1
- A
  - しょうゆ　大さじ1 1/2
  - みりん　大さじ1 1/2
  - 酒　大さじ1 1/2
- 砂糖　小さじ2

乱切りは、和食ならではの切り方。
包丁は同じ向きで、
素材のほうを回しながら切るのがコツ。
同じ大きさに切れて
すべての面から味がしみる

◆作り方

1　ごぼうはたわしで皮をよく洗い、乱切りにする。水に浸けて10分おいて水けをとる
2　にんじんは洗って皮をむき、乱切りにする
3　竹の子は乱切りにする
4　エリンギは四つ割りにして、乱切りにする

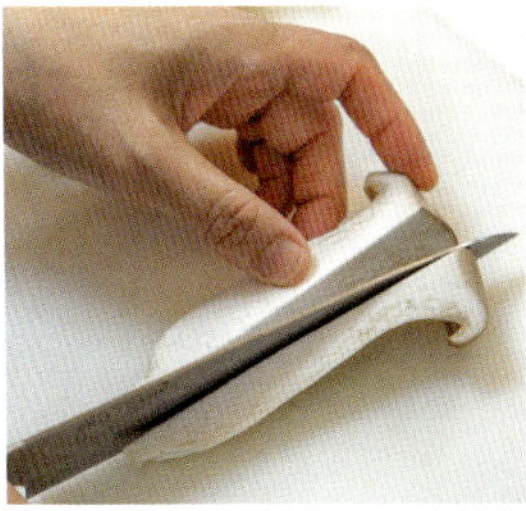

5　鶏肉は皮目を下にして、ひと口大に切る

筑前煮は、根菜などを乱切りのひと口大に切って鶏肉とともに炒めて煮た料理です。

乱切りは、別名「回し切り」とも言って、材料を回転させながら切る方法です。表面積が増えるため、味のしみ込む通り道が増えて同じ大きさに切れるので均一に火も通ります。乱切りのコツは、包丁で切るたびに素材の向きを90度回転させることです。慣れないうちは難しいですが、回して切る、回して切る、という気持ちで、常に切った面が上に来るように回転させながら切ります。ごぼう、にんじん、竹の子は乱切りにし、鶏肉は、皮目を下にして前後に包丁を動かし、最後に皮目を切り離します。

乱切りという切り方は、和食ならではの切り方です。例えば、フランスの煮物には、ポトフがありますが、ポトフは煮くずれないように、素材をあまり切らずに時間をかけてコトコトとじっくり煮込みます。

筑前煮とポトフの違いは単純に何を使って食べるか、という問題なのかもしれません。筑前煮の場合、箸で食べるのでひと口大に切

6 鍋にごま油を熱し5を炒め、色が変わったら、みじん切りにしたしょうが（127ページ参照）、1234の順に加えながら炒める

7 だしを加え、蓋をして中火で10分ほど煮る

りますが、ポトフの場合は大きいままでもナイフとフォークで食べるので問題ないということなのでしょう。

何を使って食べるか、という影響は料理の各所に現れます。例えば、日本の豆腐は、大豆を固めたものですが、やわらかくても箸でつかめます。一方、豆腐と似たような食感のフランスのムースは、箸ではつかめませんが、ナイフを使ってフォークにのせれば食べられます。

筑前煮に斜め切りにしたオクラを飾ると一気に彩り豊かになります。できあがった料理に最後に彩りを添えるのは、和・洋・中の共通点です。和食なら湯がいたオクラやいんげん豆、唐辛子など。洋食ならハーブやマスタード、中華は青梗菜の塩ゆでや白髪ねぎなどが定番です。

8　Aを加え、さらに7～8分煮る

9　盛りつけて、湯がいたオクラを斜めに切ってかざる

# ラタトゥイユ

大きさを
そろえて切るのは万国共通

## ラタトゥイユ

◆材料（2人分）

玉ねぎ　½個
ズッキーニ　½本
なす　1本
パプリカ（黄・赤）各½個
にんにく　1かけ
オリーブオイル　大さじ1
塩・こしょう　適量
トマトソース　大さじ2
タイム　適量

生
焼く
炒める
ゆでる
煮る
揚げる
サラダ
炒め物
煮物
スープ

# フレンチでは
# 大きさをそろえて切ることを
# 「タイエ」と言う

◆作り方

1　玉ねぎは、繊維に沿って1㎝ごとに切れ目を入れ、横から2～3本切れ目を入れ、向きを変えて1㎝の色紙切りにする

2　ズッキーニ、なすも1㎝のさいの目切りにする。なすは水に5分さらして水けをとる

3　パプリカは、1㎝幅に切り、向きを変えて1㎝の色紙切りにする

フランスの野菜の煮込み、ラタトゥイユ。日本でもすでにおなじみの料理でしょう。「ラタ」はごった煮、「トゥイユ」はかき混ぜる、という意味があります。

炒め物でも、煮物でも、素材を同じ大きさに切るのは、万国共通で、フランス料理では、素材の大きさをそろえて切ることを「タイエ」と言います。

ラタトゥイユも、パプリカ、ズッキーニ、なすなど、素材の大きさをそろえて切ります。大きさも形も決まっていません。四角でも棒状でもかまいません。ただ、大きさをそろえることがポイントです。今回は、すべて1cm角にしました。四角に切るときは、繊維の方向を気にする必要はありません。

玉ねぎは、みじん切りと同じ要領で、繊維に沿って1cmの間隔で切り込みを入れて、横からまな板と平行に2〜3本切り込みを入れ、向きを変えて端から1cmの色紙切りにします。なすやズッキーニも、1cm幅の切り込みを入れて、1cmのさいの目切りにします。切り込みを入れてから切ることで手早く切ることができます。パプリカは

4 フライパンにオリーブオイルと、みじん切りにしたにんにく（128ページ参照）を入れて熱し、香りが出たら、1を入れて炒める

5 玉ねぎが半透明になったら、塩・こしょう23の順に加え、さらによく炒める

1cm幅に切り、向きを変えて、1cmの色紙切りにします。

野菜が切れたら、フライパンにオリーブオイルを熱し、みじん切りにしたにんにくを加え、野菜をひとつずつ加えながら、じっくり香ばしく炒め、最後にトマトソースで煮込みます。

ラタトゥイユはフランス南部のプロヴァンス地方の郷土料理です。これに似た料理にイタリアのシチリアで生まれたカポナータがあります。

日本では同じような料理として扱われていますが、カポナータは、2cm角に切って塩をしてアクをぬいたなすを揚げておき、5mm角に切った玉ねぎやセロリを炒めて、揚げたなすと一緒にトマトソースとワインビネガーで煮込む、甘酸っぱい料理です。大きさが違う分、なすは先に揚げて火を通しておいて、小さく切った他の素材と一緒に煮込む、という仕組みになっています。

6　トマトソースとタイムを加え、蓋をして弱火で5分煮る

7　盛りつけてタイムを飾る

# 10種の野菜のスープ

調理の半分は切る順番の段取り。
水にさらすものは先に切る

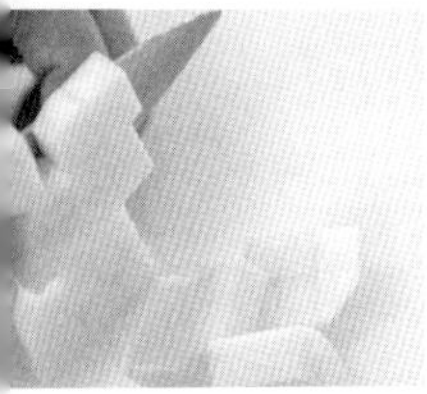

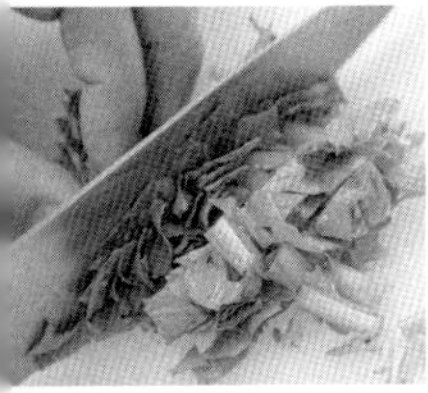

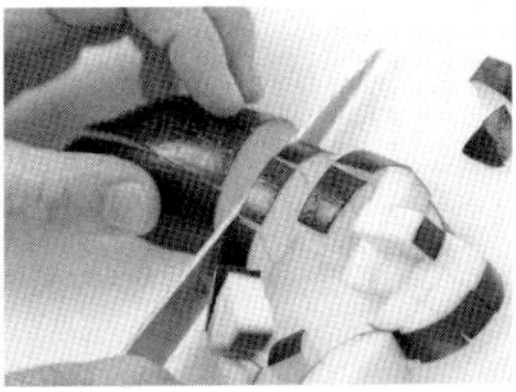

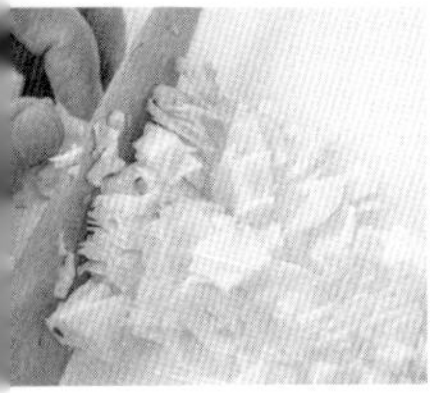

## 10種の野菜のスープ

◆材料（作りやすい分量）

なす　1本
じゃが芋　1/2個
しめじ　1/2パック
かぶ　1株
キャベツ　2枚
セロリ　5㎝
玉ねぎ　1/4個
にんにく　1かけ
トマト　1/2個
かぼちゃ　50g
にんじん　5㎝
オリーブオイル　大さじ1
ブイヨン　カップ3
塩・こしょう　適量

# においが付くもの、まな板が汚れるものはあとから切る

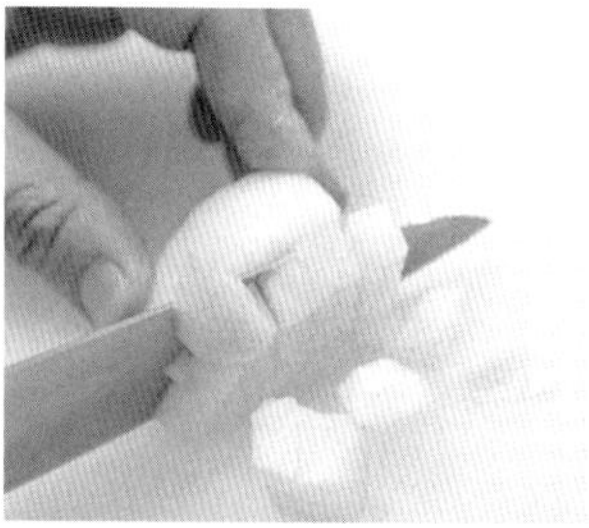

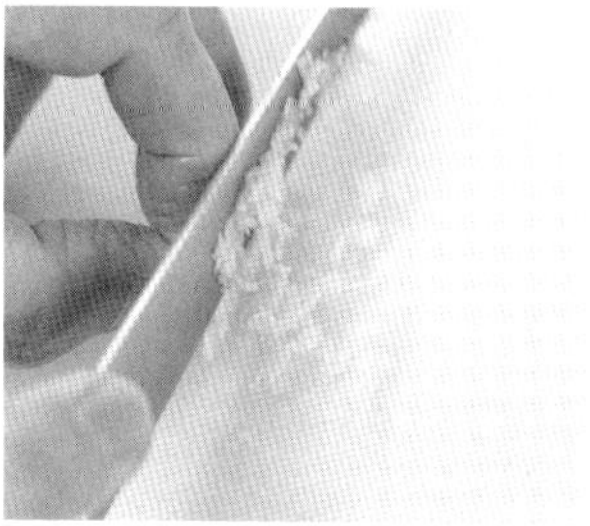

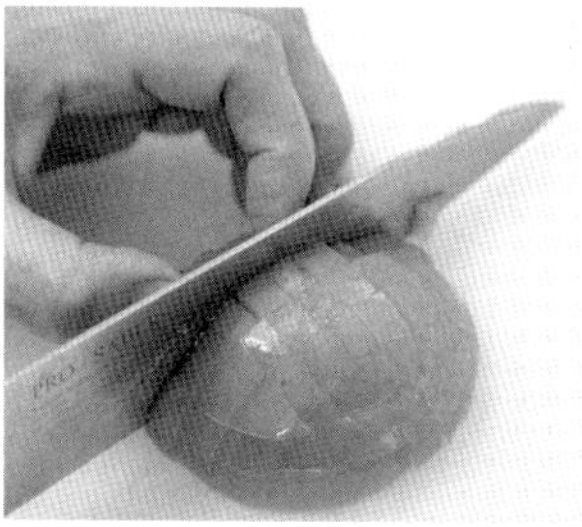

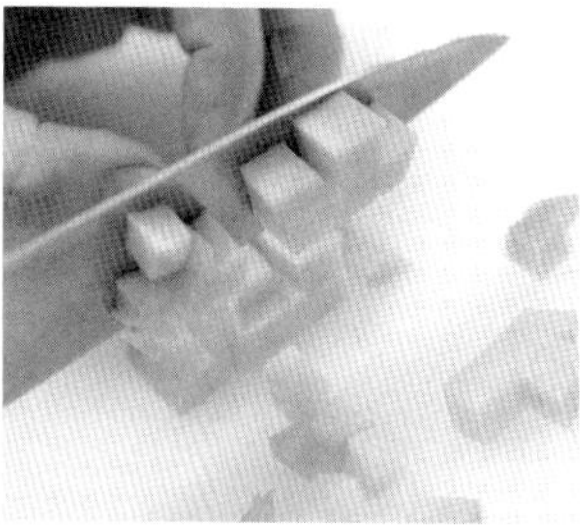

◆作り方

1　なす、じゃが芋の順に1cmのさいの目切りにする。ボウルに水をはり、それぞれ水にさらしておく

2　しめじ、かぶ、かぶの葉、キャベツ、セロリ、玉ねぎの順に1cmのさいの目切り、または色紙切りにする

3　にんにくをみじん切りにする（128ページ参照）

4　トマト、かぼちゃ、にんじんの順に1cmのさいの目切りにする

5　フライパンにオリーブオイルを熱し、にんにくを炒めて、玉ねぎ、にんじん、セロリを加える

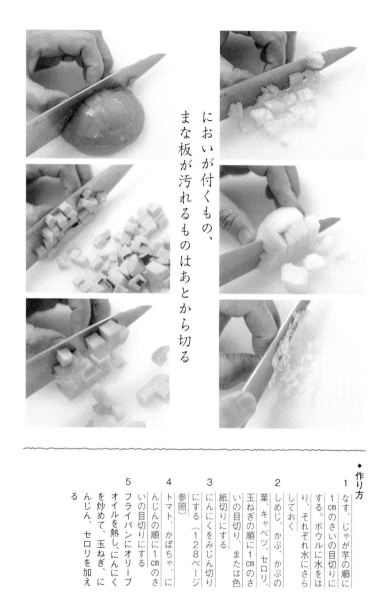

スープは、作り方自体は簡単です。小さな四角形の色紙切り、さいの目切りにして、炒めて煮るだけ。基本的なことは次の二つです。
・すべて同じ大きさに切ること
・四角く切る場合は繊維の方向は気にしなくて良い
ただ、「10種の野菜のスープ」となると、10種の野菜それぞれの特徴を知っていないとなりません。そして、切り方の半分は段取りです。まな板が汚れたら洗って拭かないとなりませんから、できれば最初から最後まで一枚のまな板ですませたほうが、効率的です。

そのためには、次の四つがポイント。
・下処理が必要なものから切る　↓　水にさらす
・香りの弱いものから切る　↓　におい移りを防ぐ
・水分が出るものをあとに　↓　水びたしを防ぐ
・色が出るものをあとに　↓　色移りを防ぐ
10種の野菜、実際にはかぶの葉とにんにくを入れると12種類ですが、これを整理すると、次のような順番になります。
1　なす　　先(アクが出るので切ってから5分水にさらす)

6　香りが立ったら、なす、しめじ、かぶ、キャベツを順次入れながら炒め、塩をふる

7　少し色づいたら、じゃが芋、かぼちゃ、トマトの順に入れ、ブイヨンを入れる

2　じゃが芋　先(でんぷんが出るので切ってから5分水にさらす)
3　しめじ
4　かぶ
5　かぶの葉
6　キャベツ
7　セロリ
8　玉ねぎ　あと(香りが強いのでにおい移りを防ぐ)
9　にんにく　あと(香りが強いのでにおい移りを防ぐ)
10　トマト　あと(水分が出るので水びたしを防ぐ)
11　かぼちゃ　あと(色が出るので色移りを防ぐ)
12　にんじん　あと(色が出るので色移りを防ぐ)

鍋に入れるときは、香りの強いにんにく、玉ねぎ、にんじん、セロリから炒め、くずれにくい、なす、しめじ、かぶ、キャベツ、そして、くずれやすいじゃが芋、かぼちゃと炒め、水分の多いトマトを入れてから煮込みます。仕上げに色が変わると困るかぶの葉を添えます。

8　中火で10分ほど煮る
9　かぶの葉を加えたら2分で火を止め、塩・こしょうで味を調える

# さつま芋のポタージュ

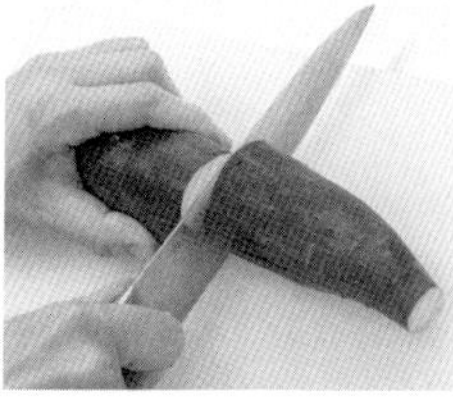

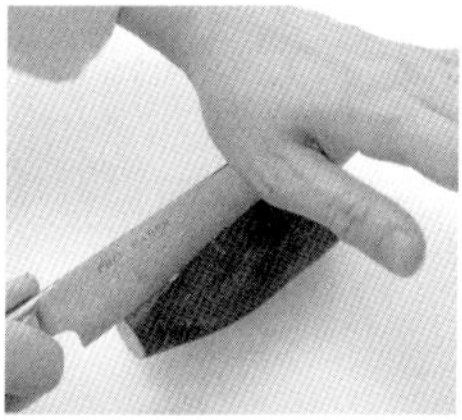

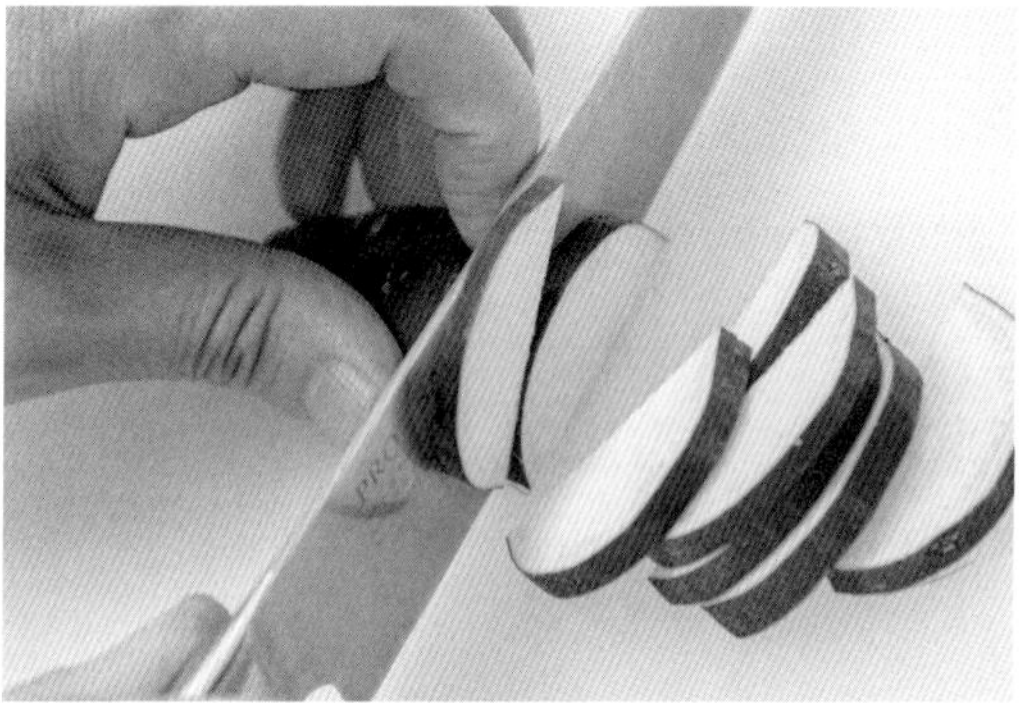

## さつま芋のポタージュ

◆材料（2人分）
- さつま芋　½本
- 玉ねぎ　½個
- バター　大さじ1
- ブイヨン　カップ2
- 生クリーム　適宜

ミキサーにかけたときに
くずれやすいよう
繊維を断つ方向に切っておく

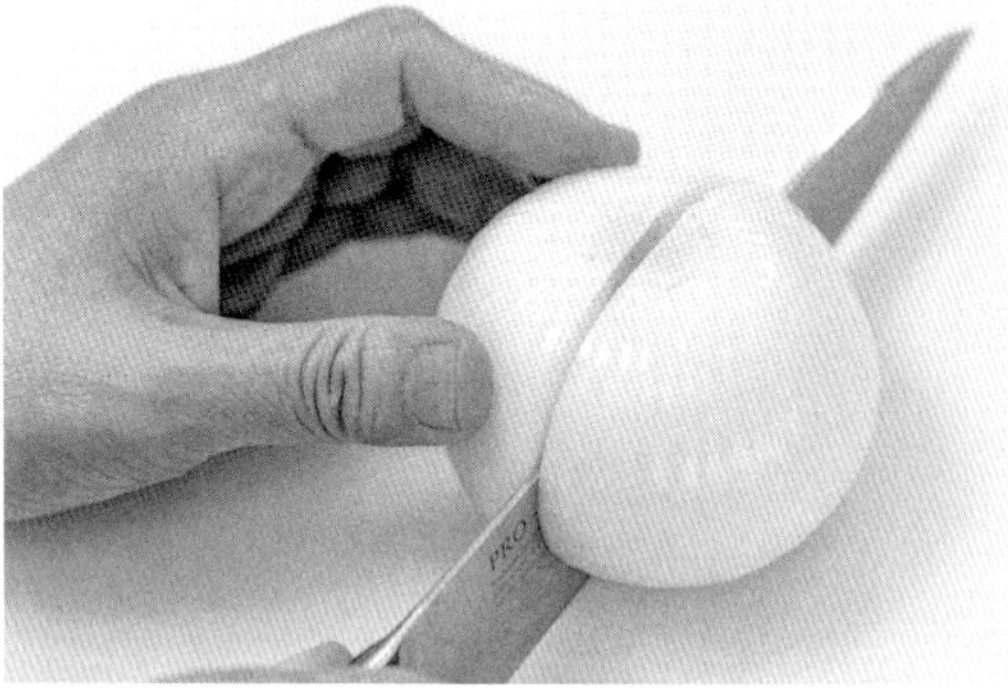

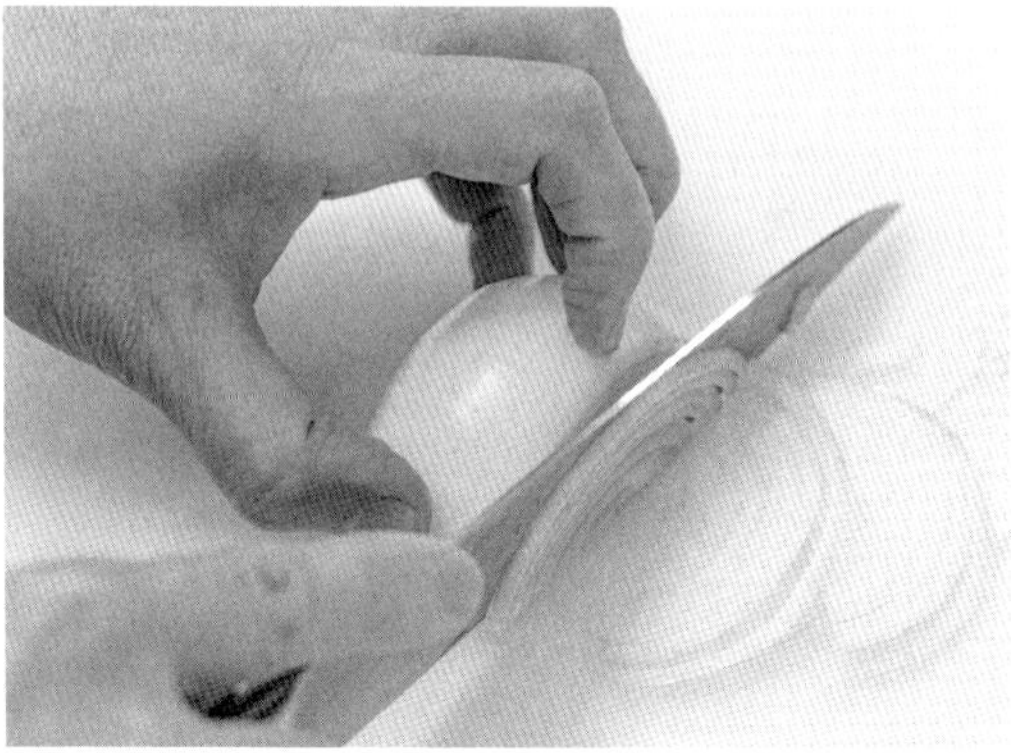

◆作り方

1 さつま芋は皮つきのまま横半分に切り、縦半分に切り、厚さ5㎜ぐらいの半月切りにする。水に10分さらしてアクをぬく

2 玉ねぎは繊維に直角に（74ページ参照）、薄切りにする

3 鍋にバターを熱し2を炒める

スープとひと言で言っても、野菜スープのように素材の食感を楽しむスープもあれば、ポタージュのようにミキサーにかけてクリーム状にするスープもあります。

玉ねぎを例にするとわかりやすいと思いますが、玉ねぎは、オニオングラタンスープのような、炒めて煮込んだあとも食感を残しておきたいスープになることもありますし、ミキサーで具材を砕いてクリーミーに仕上げるポタージュになることもあります。

オニオングラタンスープに入れる玉ねぎは、繊維に沿って切ります。もし繊維に対して直角に切ったら、炒めているうちにバラバラになって、煮込んでいるうちに形がくずれて、濁ったオニオングラタンスープができあがってしまいます。一方、ポタージュに入れる玉ねぎは、繊維を断つように切ります。もし繊維に対して平行に切ったら、いつまでも形がくずれず、ミキサーにかけても繊維が残ってしまい、滑らかなポタージュになりにくくなります。ですから、ポタージュに入れる玉ねぎは繊維に直角に切ります。ミキサーにかける場合、直角に切ると、くずれやすくなるだけでなく、味も香りも

4 透き通ったら1を加えてさらに炒める

5 ブイヨンを入れて中火で、さつま芋がやわらかくなるまで煮る

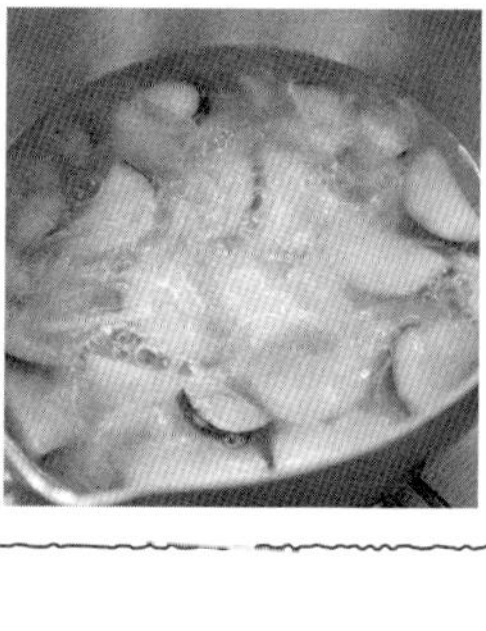

出やすくなり、玉ねぎの風味がスープのアクセントにもなります。

さつま芋も、切り方は玉ねぎと同じです。繊維に直角に半月切りにすることで、繊維を断っておけば、煮たあとにミキサーにかけたときに、漉さなくてもなめらかになります。

スープと言えば、私はイタリアのミネストローネが好きです。日本でミネストローネというと、野菜を入れたトマト味のスープですが、本場のイタリアでは、トマトは少なく、塩・こしょうベースで、野菜がくずれるほど煮込んでドロドロになったものを指します。煮る前に炒めているので野菜の甘みが感じられ、ちょうど、歯ごたえのある野菜スープと、クリーミーなポタージュスープとの中間ぐらいでしょうか。本場のミネストローネ、どう切れば良いか、みなさんはもうわかりますよね。繊維を断つように厚めに切って、よく炒めて煮込む。やがて煮くずれてドロッとしたスープができあがります。

6　浮き身にするさつまいもを2枚よけてから、ミキサーにかける

7　盛りつけて、浮き身用のさつまいもを半分の薄さにスライスして飾り、生クリームを垂らす

## ◆間違いやすい切り方

**細切り**

長さ4～7㎝、太さ2～3㎜のマッチ棒大。フランス語でアリュメット。中国語で絲（スー）

**せん切り**

1㎜程度、ボールペンで書いた線ぐらいの太さ。フランス語でジュリエンヌ

**さいの目切り**

サイコロのような立方体。1㎝角程度が一般的。フランス語でマセドワーヌ。中国語で丁（ディン）

**色紙切り**

色紙のような四角形。1㎝四方が一般的。フランス語でペイザンヌ。中国語で片（ピェン）

**半月切り**

半月のように見える切り方。縦半分にしてから繊維を断つように小口から切る

**いちょう切り**

いちょうの葉のように見える切り方。半月切りのさらに縦半分

## ◆包丁の研ぎ方

料理上手になるためには、よく切れる包丁を使うことが大事です。わざわざ高い包丁に買い替える必要はありませんが、今持っている包丁はぜひ手入れをしてみてください。

ポイントは砥石をよくぬらすこと、砥石がへこんだら平らに整えることです。

刃を手前にして弧を描くように、表50回、裏50回研いでください。

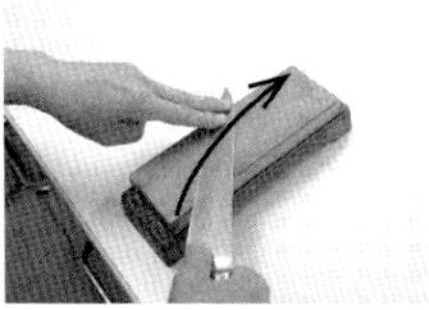

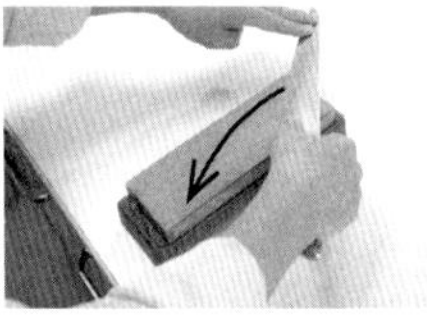

刃先を抑えて1円玉がギリギリ入るくらい、ほんの少しだけ角度をつける

## ◆あると便利な道具

私にとって、包丁、まな板、鍋と同じくらいなくてはならない道具がこの「プラスチックカード」です。もとはお菓子作りの道具で、四角い面ではバターなどを切ることもできますし、丸い面はボウルなどに沿わせてお菓子の生地などをきれいに集めることができます。

みじん切りやせん切りにした細かい食材を集めるときにも最適です。

ボウルの底と同じ角度

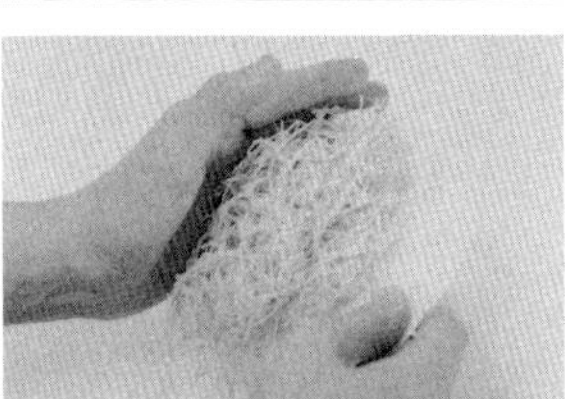

# おわりに

子どものころから実験と研究が好きでした。B型なので、レシピどおりに作らず、自分でこうしたほうがおいしいんじゃないか、と思うと、必ずやってみました。

薄く切った鯛にたれをからめてご飯にのせ、煮立った熱いだしをかけて、鯛の色が変わったところをいただく鯛茶漬け。初めて食べたとき、そのおいしさに感動しました。

食いしん坊の私は、鯛は厚いほうがおいしいに違いない、と厚めに切って同じようにやってみました。見た目はおいしそうに見えましたが、臭みが強くて残念ながらおいしくはありませんでした。鯛茶漬けはあの薄さに切らなければだめなのだ、ということを身をもって知りました。素材をどう切るかは、料理の一番の基本です。

料理の世界は常に進化しています。レストランで食事をすると、新しいトレンドに出会います。うっとりするような盛りつけしかりです。見た目の美しさは材料の切り方ひとつで変わります。ぐちゃっとつぶれたトマトより、スパッと切れたトマトのほうが食欲がわきます。

料理のプロになって三十五年経ちましたが、今でも実験と研究が好きです。それなりに失敗をくり返し、そのたびに料理の原理を学び、リカバリーの方法も学びました。

また、たくさんの生徒さんと過ごして、人それぞれ違う失敗を見て、その一つひとつから、学ばせてもらいました。自分ひとりでは決して学べなかったことです。


「料理で一番大事なことは何ですか?」

よく聞かれる質問ですが、私は「経験値」と答えています。これまでのさまざまなご縁に感謝しています。

みなさんも、失敗してもいいからたくさんの経験を積んで反省して、今日より明日と、おいしい料理を一歩ずつ自分のものにしてもえればと思います。ご自身や、毎日食べてくれる人の「おいしい」という笑顔を料理でゲットしてくださいネ。

2019年10月

川上　文代

## ◆切り方 INDEX

## ◆ 素材 INDEX

● 著者プロフィール

**川上 文代**（かわかみ・ふみよ）

デリス・ド・キュイエール 川上文代料理教室（東京・広尾）主宰。
千葉県館山市出身。辻調理師専門学校を卒業後、同校職員として 12 年間勤務。同校の大阪校、フランス・リヨン校、研修先の三ツ星レストラン ジョルジュ・ブラン（フランス・ブルゴーニュ）、エコール辻東京などで教鞭をとり、プロの料理人育成につとめる。
1996 年自身の教室兼レストラン「デリス・ド・キュイエール」を開設。本格フレンチ、イタリアン、パティスリーをはじめ、家庭料理、世界の料理など、知識と経験を生かした幅広い分野の料理を提案。千葉・館山クッキング大使、辻調理師専門学校外来講師、NHK きょうの料理講師などをつとめる他、テレビ、雑誌等、メディア出演多数。『イチバン親切な料理の教科書』シリーズ（新星出版社）をはじめ約 120 冊の著書がある。

# 世界一《せかいいち》おいしいせん切《ぎ》りキャベツの作《つく》り方《かた》

## 料理《りょうり》は切《き》り方《かた》が９割《わり》

---

**2019年10月16日　第1刷発行**

著　者　川上《かわかみ》 文代《ふみよ》
発行者　渡瀬 昌彦
発行所　株式会社講談社
〒112-8001　東京都文京区音羽2-12-21
販売 03-5395-3606
業務 03-5395-3615
編　集　株式会社講談社エディトリアル
代　表　堺 公江
〒112-0013 東京都文京区音羽1-17-18　護国寺SIAビル
編集部 03-5319-2171
印刷所　株式会社東京印書館
製本所　株式会社国宝社


ISBN978-4-06-517429-6

---

写真撮影　杉山 和行（講談社写真部）
装幀・組版　（株）イオック（目崎 智子・須谷 直史）
イラスト　池田 馨